基于素养培养的高中化学命题研究

JIYU SUYANG PEIYANG DE

GAOZHONG HUAXUE MINGTI YANJIU

刘凯钊　著

东北师范大学出版社　长春

图书在版编目 (CIP) 数据

基于素养培养的高中化学命题研究 / 刘凯钊著 . —
长春 ： 东北师范大学出版社，2019.7
ISBN 978-7-5681-6098-8

Ⅰ．①基… Ⅱ．①刘… Ⅲ．①中学化学课－教学研究
－高中 Ⅳ．① G633.82

中国版本图书馆 CIP 数据核字 (2019) 第 158389 号

□责任编辑：张志文　　□封面设计：凤凰树文化
□责任校对：刘晓红　　□责任印制：金利国

东北师范大学出版社出版发行
长春净月经济开发区金宝街 118 号（邮编：130117）
电话：0431—84568157
网址：http://www.nenup.com
天津立江印刷有限公司制版
天津立江印刷有限公司印装
天津市武清区石各庄镇定子务村
2019 年 8 月第 1 版　2019 年 8 月第 1 版第 1 次印刷
幅面尺寸：170mm×240mm　印张：15　字数：232 千

定价：60.00 元

前　言

教育测量与评价是当今世界教育科学研究的三大领域之一，在教育实践中具有很强的导向功能，在教育过程中具有重要的应用价值。

2001 年颁发的《基础教育课程改革纲要（试行）》和 2010 年颁发的《国家中长期教育改革和发展规划纲要（2010—2020 年）》都针对评价和考试改革提出明确目标和具体要求。我国基础教育课程改革至今，教育评价改革成为基础教育改革的核心主题。纸笔测试是一种重要且有效的评价方式。《普通高中课程方案和化学等学科课程标准（2017 版）》（以下简称"新课标"）中一项重大的变化就是研制了学业质量标准，明确了学生完成本学科学习任务后，应该达到学科核心素养的水平。水平的关键表现构成评价学业质量的标准。这就要求教师在教学中要更加关注育人目的，更加注重培养学生核心素养，更加强调提高学生综合运用知识解决实际问题的能力。学业质量标准可以帮助教师和学生把握"教"与"学"的深度和广度，为阶段性评价、学业水平考试和升学考试提供重要依据，促进"教、学、考"有机衔接，形成合力。同时，依据学业质量标准细化评价目标，增强了教学和评价的指导性。

化学教育考试与评价的变革和发展需要一线教师的积极参与。教师的测试理论水平和评价素质是教师专业的重要组成部分。纸笔测试命题是教师基本功的重要组成部分，关系到日常教学评价的准确度，关系到教师作业布置的有效性，关系到对学生的思维训练的成效。命题能力体现着教师的专业水平，一份科学、有效的试题不仅体现教师对课程标准、考纲、教材的理解与把握程度，也体现教师对学生的研究深度以及对学生学习的了解程度。这样，可以充分发挥考试的检验、激励和导向功能。

"题能力"也是优秀教师应该具备的基本本领。北京景山区教研员莘赞梅老师归纳的优秀教师应具备的六大"题能力",即"讲题、选题、藏题、改题、命题、评题",与我们的研究不谋而合。

新课标背景下,我们不仅需要具有高超解题经验的化学教师,更需要能够进行命题研究、试题分析的化学教师。但是命题是一种比较复杂的活动,而且工作量比较大,在日常的教学活动中,参与化学原创性试题命题实践工作的中学化学教师很少。笔者在 2012 年曾对区内 60 多名高中化学教师进行过一项有关命题能力方面的问卷调查(见附录三),结果显示:平时对学生的练习、检测能坚持自己选题、编题,从而进行自主命题的教师人数不到总人数的 8%;多数教师都是购买市场上现成的教辅材料,或在网上直接下载题目,用于学生的练习和检测。即使是原创性的题目,也大多停留在经验命题的阶段,缺乏科学性和规范性。教师没有系统掌握教育评价的标准、技术、技能和方法等常识,对命题技巧缺乏研究和积累。

根据这些情况,笔者于 2013 年成功申请广州市"十二五"科学规划名教师专项课题"高中化学过程性纸笔测试命题研究",希望通过课题研究的形式,带动全区高中化学教师,认真学习教育评价理论和《普通高中化学课程标准》,深入研究历年高考真题、考纲、考试说明,争取吃透教材,引导教师把自己日常教学中遇到的问题设计成考题,促使命题设计的理念由"化学学科本体知识"向"提高学生科学素养"转变,探索出一套值得推广的高中化学过程性纸笔测试命题的程序和策略,同时积累并建立高中化学试题库,鼓励区域教师不断更新和充实试题库,推动教师对纸笔测试命题不断进行深入研究,从而促进教师的专业发展。

经过对该课题四年多的研究,初步形成系列研究成果,包括对 2003 年版和 2017 年版"课标"的对比研究,2016 年~2018 年高考考纲、考试说明的对比研究,年报的研究,历年全国高考试题的对比研究,根据考纲、考点、高考试题进行模块化分解和重组研究,以及高考试题与教材素材相关性研究,特别是基于 SOLO 分类理论以教材为素材的命题研究,对教材素材的挖掘,使课题组成员能吃透教材;同时把命题研究与课堂教学联系起来,分工合作,围绕课堂教学目标命制相应的试题,及时进行检测、统计,有效佐证课堂学

习目标的达成度；形成对高中化学知识模块全面、系统的研究，促进教师对每一知识模块的理解和把控，并能应用在平时的选题、编题及原创试题中；建立了高中化学"6+1"试题库及题库使用指引，并在使用中不断反思、修改、补充，形成发展性的动态研究；富集命题素材，积累资源，建立超千套题的试题库；总结出可操作的命题框架、命题程序；与新课标提出的注重"教、学、考"一致性、"教、学、评"一体化的理念相一致；通过合作研究和命题比赛等活动，提高了区域内教师的命题能力，从而提高课堂教学质量。

命题研究是一个大课题，由于笔者水平有限，研究还很肤浅，且时间仓促，对研究成果的提炼也比较粗糙。笔者将带动区域教师继续深化相关测试试题命制的研究与实践，进一步提高教师的命题能力，让命题研究进入"2.0版"。

刘凯钊

2018 年 06 月

目　录

第一章

命题的基础理论与依据

第一节 学业质量评价的相关理论

目前，国外在学生的学习质量评价方面有三种评价模式：第一种是应用最广且影响最大的布鲁姆教育目标分类法，它向试卷设计者提供一种按质量等级层次分类的方法。布鲁姆从知识分类的视角把知识分为事实性知识、概念性知识、程序性知识、元认知知识。布鲁姆认知水平分类体系概括了六个逐步升级的层次：识记、理解、应用、分析、综合、评价。实践证明这一分类体系是有用的，但也存在一些问题。第二种是施罗德提出的"概念结构层次（CL）"考查方法，他将概念结构分为四个层次：第一层次单一维度，第二层次两个维度或以上，第三层次运用从属规则将不一致之处联系起来并解决矛盾，第四层次理论化趋势。第三种是哥德堡大学的马顿和他的同事从现象学的角度表述学生的学习：只能从学生自己的角度来测量学生学到什么，即只能从学习的内容出发来对学生进行评价，依据答卷的内容进行分析并提出学生的结构。他们认为学生的回答可分为四个不同层次。

香港大学教育心理学教授比格斯与其同事在长期的研究和探索中总结出"SOLO 分类评价法"。该分类评价法是根据皮亚杰认知发展阶段理论提出的，以等级划分为基础来描述学生思维能力目标，从而评价学习质量的一种方法。意为"可观察的学习成果结构（Structure of the Observed Learning Outcome, SOLO）"。比格斯发现，学生个体在回答具体问题时，其答案往往会表现出一定的变化。他将学生的思维划分为五个层次，即 SOLO 的五种思维层次：前结构层次、单点结构层次、多点结构层次、关联结构层次、拓展抽象结构层次。

前结构层次（Prestructural）：学生基本上无法理解问题和解决问题，只

能提供一些逻辑混乱、没有论据支撑的答案。

单点结构层次（Unistructural）：学生能找到解决问题的一个知识点，并且能根据这个知识点解决问题。

多点结构层次（Multistructural）：学生能找到解决问题的多个知识点，但不需要把这些知识点进行整合，就能得出正确答案。

关联结构层次（Relational）：学生能找到解决问题的多个知识点，并且需要把这些知识点整合起来，才能得出正确的答案。

拓展抽象结构层次（Extended Abstract）：学生不仅能够对问题进行抽象概括，从理论的高度来分析问题，而且能够深化问题，归纳出新的、更抽象的知识，得出开放性的答案。

试题 SOLO 结构与难度、区分度等试题技术指标间存在一定的联系。SOLO 分类评价法在试题评价中的应用，有助于改变长期以来通过经验性的评估来预测试题难度、区分度的命题模式。试题的难度、区分度与试题能力层次的分布有着直接的联系。毕华林教授认为运用 SOLO 分类评价法可以对试题的能力层次进行相关划分，如表 1-1-1 所示。

表1-1-1

试题内部结构	结构特征	简称
单点结构 (Unistructural)	以考生熟悉的内容为问题背景材料，解答问题只需要单个化学知识或技能单元	U
多点结构 (Multistructural)	以考生熟悉的内容为问题背景材料，解答问题需要多个化学知识或技能单元	M
关联结构 （Relational）	以考生较陌生的内容为问题背景材料，考生需要调动多个化学知识或技能单元，并结合试题新信息，通过分析、归纳、综合才能得到答案	R
拓展抽象结构 （Extended Abstract）	超越具体的问题情境，考生需要通过逻辑推理、演绎的方式提炼出科学的假设或推论	E

广西师范大学化工学院黄都副教授对 2018 年全国 II 卷进行分析，认为全卷是通过知识的关联结构、拓展抽象结构和高阶认知来调控难度和区分度的，突出试题的综合性、应用性和创新性。2018 年全国 II 卷 SOLO 结构分类占比如图 1-1-1 所示。

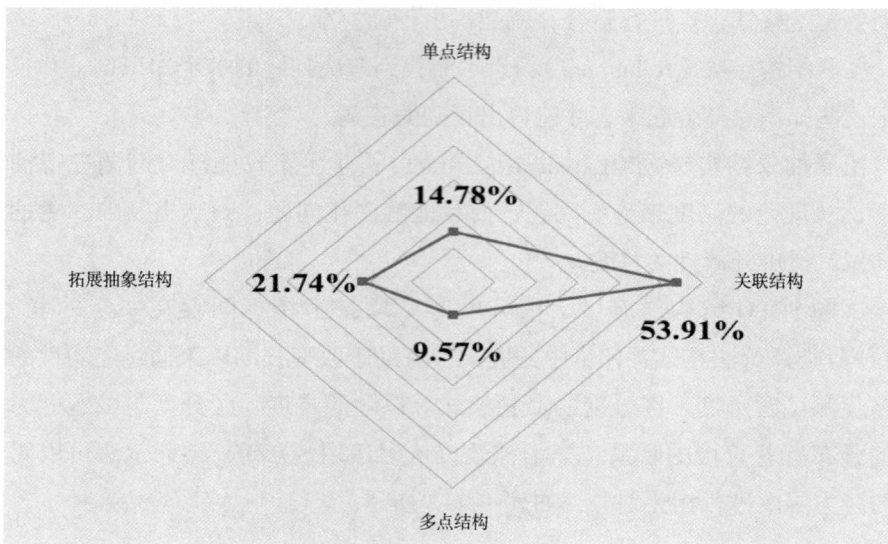

图1-1-1 2018年全国 II 卷SOLO结构分类占比

从图 1-1-1 可知，2018 年全国 II 卷考查问题解决中需要调用知识的多点关联结构达 53.91%，拓展抽象结构的 21.74%。这反映了高中阶段的化学学习特别注重关联思维和抽象思维。多点关联结构的试题如原电池解析、滴定曲线分析、转化率及化学平衡曲线分析等，需要调用多个概念、事实和程序来完成应答。拓展抽象结构的试题则是要求考生根据所给信息，结合已有知识和经验，产生某种解决问题的新理论或新模型，运用新的模型来解决问题。例如，在 2018 年全国 III 卷第 26 题中，在有 $S_2O_3^{2-}$ 干扰的情况下，要鉴别 SO_4^{2-} 的存在时，需要加入过量的稀盐酸，使 $S_2O_3^{2-}$ 完全转化为硫单质和二氧化硫，再取上层清液，滴加 $BaCl_2$ 溶液检验是否有 SO_4^{2-} 存在。这个解题模型可称为"优先排除干扰离子的离子检验方法"，需要考生超越已有知识和模式本身，重构问题解决思维路径。又如，2018 年全国 III 卷第 28 题：

28.（15分）三氯氢硅（$SiHCl_3$）是制备硅烷、多晶硅的重要原料。

回答下列问题：

（1）$SiHCl_3$ 在常温常压下为易挥发的无色透明液体，遇潮气时发烟生成 $(HSiO)_2O$ 等，写出该反应的化学方程式_____。

（2）$SiHCl_3$ 在催化剂作用下发生反应：

$2SiHCl_3(g) = SiH_2Cl_2(g) + SiCl_4(g)$　$\Delta H_1 = 48\ kJ \cdot mol^{-1}$

$3SiH_2Cl_2(g) = SiH_4(g) + 2SiHCl_3(g)$　$\Delta H_2 = -30\ kJ \cdot mol^{-1}$

则反应 $4SiHCl_3(g) = SiH_4(g) + 3SiCl_4(g)$ 的 $\Delta H = $_____ $kJ \cdot mol^{-1}$。

（3）对于反应 $2SiHCl_3(g) = SiH_2Cl_2(g) + SiCl_4(g)$，采用大孔弱碱性阴离子交换树脂催化剂，在 323 K 和 343 K 时 $SiHCl_3$ 的转化率随时间变化的结果如图所示。

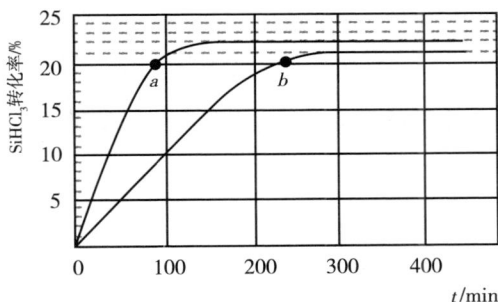

①343 K 时反应的平衡转化率 $\alpha = $_____%。平衡常数 $K_{343\ K} = $_____（保留 2 位小数）。

② 在 343 K 下：要提高 $SiHCl_3$ 转化率，可采取的措施是_____；要缩短反应达到平衡的时间，可采取的措施有_____、_____。

③ 比较 a, b 处反应速率大小：v_a_____ v_b（填"大于""小于"或"等于"）。反应速率 $v = v_正 - v_逆 = k_正 x^2_{SiHCl_3} - k_逆 x_{SiH_2Cl_2} x_{SiCl_4}$，$k_正$、$k_逆$ 分别为正、逆向反应速率常数，x 为物质的量分数，计算 a 处 $\dfrac{v_正}{v_逆} = $_____（保留 1 位小数）。

【答案】

（1）$2SiHCl_3 + 3H_2O = (HSiO)_2O + 6HCl$　　（2）114

（3）①22　　0.02

②及时移去产物　改进催化剂　提高反应物压强（或浓度）

③大于　　1.3

考生需要由正、逆反应速率常数与正、逆反应速率的数据关系式：

$$v = v_{正} - v_{逆} = k_{正} x^2_{SiHCl_3} - k_{逆} x_{SiH_2Cl_2} x_{SiCl_4}$$

得到，$v_{正} = k_{正} x^2_{SiHCl_3}$，$v_{逆} = k_{逆} x_{SiH_2Cl_2} x_{SiCl_4}$ 我们发现这道题的结构实质为拓展抽象结构。考生一旦能推导出这个关系，距离成功解答问题仅就一步之遥。

第二节　标准化考试的质量指标

标准化考试应遵循的四个质量指标：信度、效度、难度和区分度。

信度是指测验结果的一致性、稳定性及可靠性，一般多用内部一致性来表示该测验信度的高低。信度系数越高即表示该测验的结果越一致、稳定、可靠。

计算公式：$R = \dfrac{m}{m-1}\left(1 - \dfrac{\sum S_i^2}{S_r^2}\right)$

效度是指教育测量的有效性，即教育测量在多大程度上能够测得它所要测量的东西。或者说，教育测量是否达到了测量目标的要求。效度可分为内容效度、预测效度（效标效度）和构效度。

难度是指考生解答考试中所有问题的困难程度。考试难度一般分为试题难度和试卷难度两个层面，还可分为绝对难度（或品质难度）与相对难度（或统计难度）。在心理与教育测量中，每个题目都有自己的难度值，通常以每一个题目的通过率作为难度指标，表示为：$p = R/N$（p 指项目难度，N 为全体被测者人数，R 为答对或通过该项目的人数）。由公式可知，难度值的变化范围为 0.00 ~ 1.00，p 值越大代表题目越简单，p 值越小说明题目越难。难度为 0.00 意味着这个题目太难，没有人能答对；难度为 1.00 说明题目太简单，所有人都能答对。

计算公式：$p = \dfrac{\bar{x}}{w}$

区分度是指试题对不同知识和能力水平的考生的区分程度和鉴别能力。区分度的估计方法有分组计算法和相关法。区分度与难度有密切关系，难度越接近 0.50，项目的潜在区分度越大。区分度的常用指标为 D。P_H 为高分组的项目难度，P_L 为低分组的项目难度。D 的取值在 $-1 \sim 1$ 之间，值越大区分度越好。测量学家伊贝尔认为，试题的区分度在 0.4 以上表明此题的区分度很好，0.3 ~ 0.39 表明此题的区分度较好，0.2 ~ 0.29 表明此题的区分度不太好需要修改，0.19 以下表明此题的区分度不好应淘汰。

计算公式：$D = P_H - P_L$

$$D = \frac{n\sum\limits_{i=1}^{n} x_i y_i - \sum\limits_{i=1}^{n} x_i \sum\limits_{i=1}^{n} y_i}{n\sum\limits_{i=1}^{n} x_i^2 - \left(\sum\limits_{i=1}^{n} x_i\right)^2 \bullet \sqrt{n\sum\limits_{i=1}^{n} y_i^2 - \left(\sum\limits_{i=1}^{n} y_i\right)^2}}$$

区分度与难度的关系：区分度与难度有密切关系。如果某项目的通过率为 1.00 或 0.00，那么说明高分组与通过率上不存在差异，因此鉴别指数为 0。如果项目的通过率为 0.50，那么可能是高分组的所有人都通过了，而低分组却无人通过，这样难度的最大值可能达到 1.00。从上述分析可以看出，难度越接近 0.50，项目的潜在区分度越大，难度越接近 1.00 或 0.00 时，项目的潜在区分度越小。教师在平时教学中关注最多的就是区分度和难度。

第三节 命题依据

试题的命制要以学科课程标准为蓝本，以《普通高等学校招生全国统一考试大纲》（以下简称《考试大纲》）为依据，还要整体把握化学学科知识体系。

一、《普通高中化学课程标准（2017年版）》对命题的导向作用

《普通高中化学课程标准（2017年版）》经过修订专家组3年多的辛勤工作，在凝聚了社会各方面智慧和力量的基础上，于2018年5月终于正式面世了。这是我国基础化学教育界具有里程碑意义的重大事件。笔者认真对比2003年版与2017年版的"课标"，带着困惑聆听和研读多位化学"大咖"，如王祖浩、王磊、郑长龙、钱扬义、王后雄等的讲座和文章，对《普通高中化学课程标准（2017年版）》有了初步理解。

（一）基于理论，源于实践

《普通高中化学课程标准（2017年版）》是对我国基础化学教育教学实践经验的继承和总结，是由以前的主要基于经验向基于理论，更向基于经验和理论有机融合的方向进行转变的重大举措。与2003年版"课标"相比，《普通高中化学课程标准（2017年版）》发生的显著变化主要有以下十个方面。

（1）对化学学科的特征进行了提炼。

（2）从化学课程的目标、结构、内容、教学和评价五个方面，概括了基于化学学科核心素养的课程理念。

（3）构建了化学学科核心素养的内容体系及其发展水平体系。

（4）构建了由必修课程、选择性必修课程和选修课程组成的"三层次"课程结构。

（5）构建了基于主题的课程内容体系，并对课程内容进行了增减。

（6）明确了必修课程和选择性必修课程的必做实验。

（7）构建了学业质量水平体系。

（8）注重"教、学、评"一体化，提供了化学学科核心素养在课堂教学中落地的基本途径和策略。

（9）注重"教、学、考"一致性，提供了基于化学学科核心素养发展的学业水平考试命题的原则和策略。

（10）提供了以体现"教、学、评"一体化的素养为本的化学课堂教学设计案例。

（二）理解本质，认识价值

化学学科的本质特征及其价值是什么？这一直是化学家、化学哲学家和化学教育家不断试图回答的重要问题。化学与物理学、生物学的本质区别究竟是什么？我们往往从认识论视角，认为"以实验为基础"是化学学科的本质特征。这一观点常被质疑，化学学科的"以实验为基础"，与物理学和生物学的"以实验为基础"有什么不同？《普通高中化学课程标准（2017年版）》首次正面回答了这一问题，它概括了化学学科的本质特征，即"认识物质和创造物质"。将这一特征加以展开，即"从微观层次认识物质，以符号形式描述物质，在不同层面创造物质"。"创造物质"是化学学科的独有特征，而"认识物质"的特征，却不仅仅只有化学学科。

《普通高中化学课程标准（2017年版）》对化学学科的价值做了较为全面且深刻的阐释，反映了对化学学科价值的一些新的认识。概括起来，其主要有以下三个特点。

（1）全面性。《普通高中化学课程标准（2017年版）》从学科价值、教育价值和社会价值三个方面，系统阐释了化学学科的价值。如化学"是材料科学、生命科学、环境科学、能源科学和信息科学等现代科学技术的重要基础"（学科价值）；"是学生终身学习和发展的重要基础"（教育价值）；"在促进人类文明可持续发展中发挥日益重要的作用"（社会价值）。

（2）创新性。《普通高中化学课程标准（2017年版）》"站"在21世纪科学发展的前沿，从打通物质世界和生命世界的高度，概括了化学学科的独特价值——"揭示元素到生命奥秘的核心力量"。这一观点进一步深化了化学学

科的价值。

（3）时代性。《普通高中化学课程标准（2017年版）》直面化学课程的当代责任和使命，明确提出化学课程"是落实立德树人根本任务、发展素质教育、弘扬科学精神、提升学生核心素养的重要载体"，对科学文化的传承和高素质人才的培养具有不可替代的作用。

（三）理解核心素养的内涵及结构

化学学科核心素养是《普通高中化学课程标准（2017年版）》的"魂"。理解化学学科核心素养的内涵是解决由于"应试教育"导致的"有知识，无素养"问题。为了应试，在相当一部分课堂中，还有很多是学生通过记忆而不是教师通过建构来习得知识的。这种方式导致学生头脑中的知识，多是浅表性、散点式的，而不是结构化的。这样的知识只具有考试答题价值，而不具有迁移应用价值，在真实问题解决中难以发挥作用，因此我们的教学要思考如何将知识转化为素养。

所谓素养是指一个人在完成一件工作或解决一个问题时所表现出来的能力。

所谓化学学科核心素养是指学生通过化学学科学习而逐步形成的正确价值观念、必备品格和关键能力。

如何理解化学学科五条素养及其相互关系呢？对宏观辨识与微观探析、变化观念与平衡思想、证据推理与模型认知、科学探究与创新意识、科学态度与社会责任这五条素养，有人提出质疑：证据推理与模型认知、科学探究与创新意识、科学态度与社会责任，这三条素养不仅仅适用于化学学科，物理学、生物学等其他学科也适用。这个问题的实质，郑长龙教授认为实际上就是看待特殊性的哲学方法论问题。

"宏观辨识与微观探析"阐述的是"宏微结合"；化学是变化之学，"变化观念与平衡思想"阐述的是化学变化中的"变"与"不变"问题，化学变化中的"不变"，是相对不变，存在动态平衡。因此，这两条素养反映的是化学学科思维方式和化学学科思想。"证据推理与模型认知"反映的是化学的科学思维方法，化学的科学思维方式和方法，属于化学科学认识范畴；"科学探究与创新意识"属于化学科学实践范畴；"科学态度与社会责任"重点强调化学

科学的绿色应用和社会责任担当，属于化学科学价值范畴或化学科学应用范畴。郑长龙教授把这五条素养进行结构化：化学科学实践（科学探究与创新意识）——化学科学认识（宏观辨识与微观探析、变化观念与平衡思想、证据推理与模型认知）——化学科学应用（科学态度与社会责任）。这五条素养之间的关系符合哲学认识论的一般过程：实践——认识——再实践（应用）。我们必须要理解、理清它们之间的关系，才能更好地在教学实践中应用。

（四）"素养为本"的高中化学学业水平考试命题策略

《普通高中化学课程标准(2017年版)》倡导基于化学学科核心素养的评价，依据化学学业质量标准，评价学生在不同学习阶段化学学科核心素养的达成情况。《普通高中化学课程标准（2017年版）》积极倡导"教、学、评"一体化，促进每名学生化学学科核心素养得到不同程度的发展。评价方式的转变，要求教师要积极探索开展化学日常学习评价,在日常学习评价中实施"教、学、评"一体化教学。例如，提问与点评、练习与作业、复习与考试等基本途径和方法。同时，学业质量要求的提出为阶段性评价、学业水平考试和升学考试提供重要依据，促进"教、学、考"有机衔接，形成育人合力。

《普通高中化学课程标准（2017年版）》中"学业水平考试"是评价中的一种，目的是评价学生化学学科核心素养的发展状况和学业质量标准的达成程度，这是区别于传统考试的重要特征。"学业水平考试命题建议"是对命题框架、命题原则和命题程序做出的纲领性建议，目的是保证"学生水平等级考试"的考核目标能够实现，并能够有效指导教学活动的开展，保证"以素养发展为本"的教学理念的顺利实施。2017版"学业水平考试命题建议"从考试目的、命题框架、命题原则、命题程序四个方面对"学业水平考试"的命题进行指导，从而保证命题的质量，保证高中化学教学改革的成功实施。

1.考试目的

化学学业水平考试的主要目的是评价学生化学学科核心素养的发展状况和学业质量标准的达成程度，命题者应牢牢把握学业水平考试的目的，开展基于化学学科核心素养和学业质量标准的命题研究，努力提高命题的质量。

2.命题框架

考试命题必须坚持以化学学科核心素养为导向，准确把握"素养""情境""问题"和"知识"四个要素在命题中的定位与相互联系，构建以化学学科核心素养为导向的命题框架，如图1-3-1。

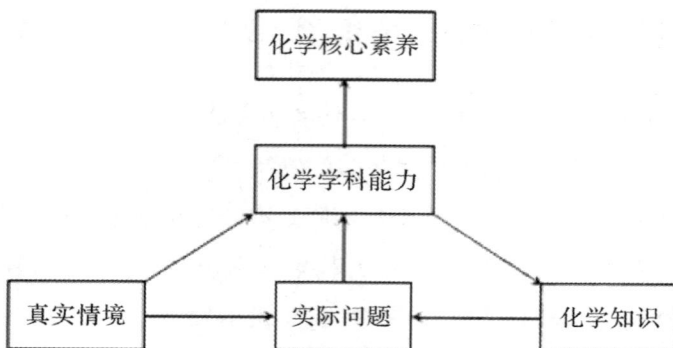

图1-3-1 命题框架

化学试题基于对知识点考查的需要，创设真实的试题情境，逐层递进地设置有价值的实际问题。"真实情境"服务于"实际问题"的提出，"化学知识"服务于"实际问题"的解决，考查学生在解决"实际问题"过程中的理解能力、推理论证能力、实验探究能力和综合分析能力，实现对化学学科核心素养的测试。

3.命题原则

（1）以核心素养为测试宗旨。

命题应坚持以化学学科核心素养为测试宗旨，熟悉、理解化学学科核心素养的内涵和水平描述，并以化学学业质量标准为依据，从相应的学业质量水平中提炼、确定各试题的测试目标。

（2）以真实情境为测试载体。

试题情境的创设应紧密联系学生学习和生活实际，体现科学、技术、社会和环境发展的成果，注重真实情境的针对性、启发性、过程性和科学性，形成与测试任务融为一体、具有不同陌生度、丰富且生动的测试载体。

（3）以实际问题为测试任务。

试题的测试任务应融入真实、有意义的测试情境。试题内容与提出的问题应针对课程标准中的内容要求，突出化学核心概念与观念，符合学生心理发展阶段和认识发展水平，与所要测试的核心素养和测试目标保持高度一致，由此形成具有不同复杂程度且结构合理的测试任务。

（4）以化学知识为解决问题的工具。

化学知识是解决实际问题、完成测试任务不可或缺的工具。命题者应结合命题宗旨和目标，根据测试任务、情境的需要，系统梳理解决问题所要运用的化学知识与方法，注意考查学生灵活运用结构化知识解决实际问题的能力。

4. 建构"素养为本"的高中化学学业水平考试的命题程序

学业水平考试命题作为实施学业水平考试的核心环节，其命题技术在很大程度上决定了试题质量和考试目标的达成。根据高中学业水平考试的目标定位及功能价值，化学学业水平考试命题必须坚持以化学学科核心素养为导向，准确理解核心素养的内涵、具体表现及水平描述，并与化学学业质量等级标准建立联系，以相应水平的质量标准确立试题的测试目标，以实际问题为测试任务，以真实情境为测试载体，以化学知识为解决问题的工具。因此，可设计并实施科学、规范、完整的命题程序，如图1-3-2。

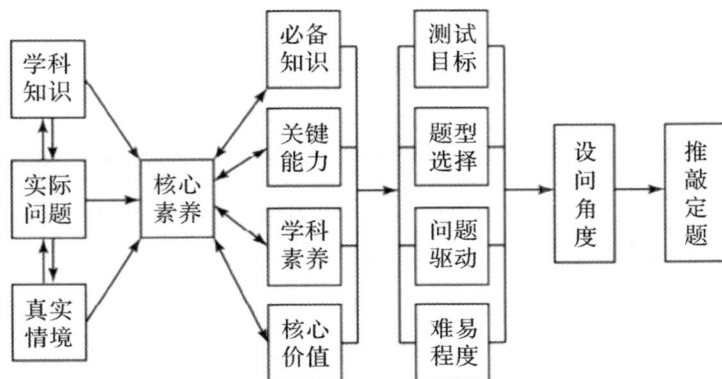

图1-3-2 基于化学学科核心素养为导向的命题程序

命制高质量的试题是提高考试信度和效度的重要保证。命题素材的选择是命题的核心技术所在。国际大型测评项目 NAEP 研究发现，与回答不包含情境的题目相比，学生回答具有特定情境的题目时，不专注率和漏答率都明显降低。因此，题干中的真实情境能够提升学生的动机和参与作答水平。根据化学学业水平考试的目的，命题必须坚持以学科核心素养为导向，准确把握"素养""问题""情境"和"知识"四个要素在命题中的定位及相互关系。"情境"和"知识"同时服务于"问题"的提出和解决；情境的设计、知识的运用、问题的提出与解决应有利于实现对学生核心素养的测试；同时严格按照教育测量理论的要求，综合评价试题与考试内容、能力水平、素养等级的对应性、一致性程度，以及试题的测量学特征（难度、区分度、题目偏差等）、测验分数或等级评定的质量（信度、效度、公平性）等要素。

命题者应高度重视试题难度的控制研究，应依据学业水平合格性考试和等级性考试的特点，结合化学学科核心素养和学业质量标准各水平的要求，以及本地区化学课程实施的实际，科学、合理地确定试题的平均难度。

5. 构建"素养为本"试题特征体系

化学试题特征是指试题在试题容量、题型结构、信息呈现、新信息融合、STSE 链接、核心素养、知识要求、关键能力考查层次、学科思想等方面的综合特征。王后雄教授指出，根据不同考试的特征及核心素养的导向要求，应结合"必备知识、关键能力、学科素养、核心价值"四层考查内容及"基础性、综合性、应用性、创新性"四个方面的考查要求，探索构建"素养为本"试题特征体系。

必备知识：它强调考查学生长期学习的知识储备中基础性、通用性知识，是学生进入大学学习及终身学习所必须掌握的知识。从学科核心素养培育的着力点来看，应着重引导学生构建和获得高质量或真正的知识，这种知识可概括为学科本质。正如布鲁纳指出的，任何学科教学都必须将学科中那些最广泛、最强有力的适应性观念教给学生。学科本质是一门学科相对于其他学科所具有的独特规定性，这种独特规定性主要表现在学科的研究对象、研究方法、理论体系和学科价值等方面。"学科本质"是最能反映学科核心素养的

高质量的知识，它包括知识的产生和来源、事物的本质和规律、学科的思想与方法、知识的关系与结构、知识的作用与价值等。

关键能力：它重点考查学生所学化学知识的运用能力，强调独立思考、分析问题和解决问题等学生适应未来不断变化发展社会的至关重要的能力。化学学科能力的内涵基础是结构化和类化的核心知识以及核心活动经验。建立学科关键能力与核心素养的关联，关键是基于学科特定的认知或特定的活动将能力发展目标具体化。化学学科关键能力具体包括：①化学语言及应用能力；②接受和整合化学信息能力；③化学方法及分析能力；④化学实验及探究能力；⑤化学计量及计算能力。应从活动表现上对能力加以层次上的划分，包括三个能力主层和九个能力亚层：学习理解（辨识记忆、概括关联、说明论证）、应用实践（分析解释、推论预测、简单设计）、迁移创新（复杂推理、系统探究、创新思维）。这样才能命制出符合学科关键能力的不同层次要求的试题。

学科素养："化学课程标准"将化学核心素养及其学业质量水平分为四个层级：1级为基础（识记），2级为中级（理解），3级为高级（应用），4级为最高（评价）。学业水平考试的性质决定了只有从其试题自身所蕴含的问题结构来确定试题的难度，进行试题间难度的量化比较，才能从根本上确定正确解答试题所需要的最低学业水平。按照问题自身所确定的事物结构的形态对与之对应的认知结构水平结构形态的规定，借鉴SOLO分类评价法，刻画化学核心素养的学业质量水平，可以从三个方面确定指标：①设计的问题情境的复杂程度和新颖程度；②运用学科知识和技能方法的数量及创新程度；③试题的问题结构由简单到复杂的程度。这是构建学业水平指标的三条基本依据。表1-3-1为化学素养水平的划分依据，该划分依据为化学学科核心素养发展水平评价建立可操作的评价框架与命题指南提供了依据和基础。

表1-3-1

素养水平	水平 1（识记）	水平 2（理解）	水平 3（应用）	水平 4（评价）
问题情境	常见的简单情境	新颖的简单情境	常见的复杂情境	新颖的复杂情景
知识维度	能够运用某一个化学知识、技能、观念和方法	能够运用多个化学知识、技能、观念和方法	能够综合运用多个维度核心知识、观念和方法	能够创造性运用学科知识、技能、观念和方法
问题结构	单点结构层次（US）	多点结构层次（MS）	关联结构层次（RS）	拓展抽象结构层次（EA）

核心价值：要求学生能够在知识积累、能力提升和素质养成的过程中，逐步形成正确的核心价值观。核心价值是学科育人价值的集中体现，是落实立德树人的根本任务。这就要求试题要充分反映习近平新时代中国特色社会主义思想，有机融入社会主义核心价值观的基本内容和要求，关注化学有关的社会热点问题，认识环境保护和资源合理开发的重要性，具有"绿色化学"观念和可持续发展意识。我们要认识化学对社会发展的重大贡献，尊重科学伦理道德，强化社会责任意识，积极参与与化学有关问题的社会决策，引导学生形成正确的世界观、人生观、价值观。

6. 构建化学试题特征的命题模型

我们可以依次从试题容量、呈现方式、真实情境、必备知识、关键能力、学科素养、素养水平、试题评价等视角对试题的各特征指标进行逐一设计与分析，构建命题模型，见表1-3-2。

表1-3-2

分析视角	特征指标	命题说明
试题容量	试题容量	指试题总分、试题题数、试题长度、解题时间、分值比重等
呈现方式	题型结构	选择、填空、作图、化工流程、框图推断、实验综合、有机综合、综合探究、计算等
	信息呈现	通过文字表述、化学用语（元素符号、化学式、化学方程式等）、数据（表）、关系曲线、装置图、流程图等形式呈现
真实情境	信息融合	试题提供新信息，具有准确提出实质性内容，并与已有知识整合、重组为新知识的能力
	STSE链接	选材重视理论联系实际，关注与化学有关的科学技术、社会经济和生态环境的协调发展
必备知识	核心知识	基本概念、原理和事实性知识，实验操作及技能，学科观念、思想与方法
	核心观念	物质观、元素观、分类观、微粒观、转化观、守恒观、平衡观、能量观、系统观等
	层次要素	知识了解、知识理解、应用实践、问题探究
关键能力	学科能力	化学语言及应用能力、接受和整合信息能力、化学方法及分析能力、化学实验与探究能力、化学计量及计算能力
	能力层次	学习理解、应用实践、迁移创新
学科素养	构成维度	宏观辨识与微观探析、变化观念与平衡思想、证据推理与模型认知、科学探究与创新意识、科学态度与社会责任
	学业水平	从低级到高级要求确定为识记、理解、应用、评价四个层级
试题评价	测量指标	应根据学业水平合格考试和等级考试的性质、特点及考试结果的应用价值，科学、合理地确定试题的难度，并满足合适的区分度、信度和效度的要求

　　在同一测试目标下，可以提出具有不同复杂程度和结构差异的实际问题，从而形成不同难度的命题目标。如果创设情境的陌生度不同，命制的试题考查的功能也会有差异，解决问题所运用的化学知识与方法也有区别。测试任务的设计与测试情境的多样性，可给试题内容和呈现方式带来多样性。

7. 构建"素养为本"考试命题技术思考

基于学科核心素养的考试命题在具体操作时，应以"核心价值"为引领，在"必备知识"基础上对"关键能力"和"学科素养"进行全面覆盖，要兼顾不同思维方式、素养构成有差异的考生。基于学科核心素养整合的命题可以促使命题者对化学学科核心素养的整理挖掘，突破多年来命题者对中学化学"双基"的过度倚重，提升学业水平考试试题的科学性，促进命题者专业水平与业务素质的发展。因此，要对考试命题技术开展深入研究。

（1）情境选择服务于问题解决的测试载体。

在同一个测试目标下，创设真实、有意义的测试情境，不仅有利于促进学生思考、推理和判断，也有利于培养学生的科学态度和社会责任。为了发挥情境在测试中的正向功能，试题情境的背景材料选择及控制应注意以下三点：①应依据考生现有的知识基础，否则可能使考生对情境的理解产生模糊认知，导致非结构性的应答障碍，在测量效度和信度上就会产生影响；②应考量考生已有的知识经验，如果与考生实际的认知差异过大，难以对考生心理结构产生有效刺激，形成应答障碍；③应满足考生认知的"最近发展区"，涉及考生原有的认知结构在情境问题中的知识迁移和内化过程，尤其需要控制好情境背景材料的认知要求要符合考生的学习认识发展规律。化学核心素养的命题选材依据是价值取向、学术领域、知识视野、社会背景、教育功能、导向功能，要使化学试题的题材与必备知识、关键能力、学科素养、核心价值、理性导向的命题要求相匹配。构成题干的真实情境主要包括以下要素：情境中的事件应该是真实发生或者能够发生的，基于该情境的设问也能够在现实生活中找到，题干中提供的信息或数据应该能够实现。基于这一标准，结合化学学科核心素养的内涵，可以选择研究性的科研成果作为考查化学学科核心素养的命题素材。符合这一要求的原创素材来源包括正式发表的科技论文成果、科学思维素材、化工流程、故事线索及尚未发表的研究数据等。

（2）题型设计服务于学科素养的测试目标。

实证研究表明，不同的题型在考查不同知识、能力、素养及层次上具有不同的功能，学业水平合格考试与等级考试试卷的题型结构应有不同比例。坚持主客观题题型并重的测验模式，处理好教学与考试、必考与选考的关系，

提出适合合格考试与等级考试的题型设计原则和方法，合理使用符合化学学科特点的题型评价相关素养及其水平，不断研究改进命题和评分方式来控制误差。碎片化的知识与能力考核无法推动化学教育的发展，无法满足落实发展学科核心素养这一根本目标，因此应该设置相应的问题情境，增加实践型、探究型、信息迁移型试题比例，探索开放性试题等新题型命题方式，适当将填空式作答改为问答式、开放式作答，让学生充分地表达自己的思维状况和逻辑推理水平，同时可以检测学生的语言表达能力，为测查高层次的化学学科核心素养奠定基础。

二、近三年化学学科《考试大纲》的变化对命题的导向作用

《考试大纲》是考试命题的"依据"、题型的"范例"、形式的"样本"。命题要求严格遵循《考试大纲》的规定，考查基础和主干知识，因此我们要认真地从纵向和横向对《考试大纲》进行深入分析研究。

面对以发展学生核心素养为主旋律的课程改革，2017年全国普通高考化学学科的《考试大纲》做了相应的修订，有26处做了修改，修改之多是历年之最，修订后更加突出对必备的化学学科知识和关键的化学学科能力的考查。而2018年《考试大纲》与2017年比较几乎不变，因此教师要"站得更高"来了解2017年《考试大纲》变化的内涵。此次《考试大纲》修订中强调：做好新课程标准理念的衔接，在高考考核目标中适当体现核心素养的要求。因此，我们的教学和命题都要围绕化学学科核心素养的培养来进行，精心设计教学内容。

（一）《考试说明》中的题型示例及变化

《考试说明》是对《考试大纲》的诠释，因此我们要关注《考试说明》中的题型示例及变化。

2017年版《考试说明》全新调整内容统计如下：考试形式与试卷结构变化2处；"考核目标与要求"中增加8道例题，诠释能力要求；"考试范围与要求"中必考内容有37处调整，选考内容有18处调整；"题型示例"中更换13道样题，

题量减少 10 道。

（二）2017 年版《考试说明》的解读

1. 坚持以稳定为主

（1）试卷结构上没有变化，仍然是 7 道选择题和 4 道主观题。

（2）考核能力和目标没有变化，考核学生三个方面的化学综合能力。

（3）在《化学知识内容表》中，所体现的知识考查内容和能力要求与 2016 年的基本相同。

2. 样题的变化

2017 年版《考试说明》在"参考样题"上进行了一定的调整，删除了 10 道选择题并替换了 7 道非选择题。具体如下：选择题部分与 2016 年 11 道题相比，2017 年选择题样题为 8 道试题。删除样题大部分为 2010 年以前的宁夏高考题（另有 3 道题转为考查能力的样题）。新增样题大部分为近两年难度不大的高考试题，替换了 1 道电化学样题。新增样题为化学与社会、必修 2 中有机化学知识、混合物鉴别、阿伏加德罗定律、物质性质实验探究设计等。非选择题部分的题量由 23 道减为 16 道。

必做题样题仍维持 10 题（实验题 2 题、化学反应原理题 6 题、化工流程题 2 题），但替换了 5 道题（被替换的其中 1 道题转为能力样题）。具体情况见表 1-3-3。

表1-3-3

题序	题目	目标与要求		考试方向
例1	2016年全国I卷-33	接受、吸收、整合化学信息的能力	对中学化学基础知识能正确复述、再现、辨认，并能融会贯通	元素周期律
例2	2000年全国卷-22		通过对自然界、生产、生活中的化学现象的观察，以及实验现象、实物、模型的观察，对图形、图表的阅读，获取有关的感性知识和印象，并进行初步加工、吸收、有序存储	分子结构
例3	2015年全国I卷-13		从提供的新信息中，准确提取实质性内容，并与已有知识整合，重组为新知识块	弱电解质的电离
例4	1994年全国卷-35		将实际问题分解，通过运用相关知识，采用分析、综合的方法，解决简单的化学问题	有机合成路线
例5	2013年全国I卷-10	分析问题和解决化学问题的能力	将实际问题分解，通过运用相关知识，采用分析、综合的方法，解决简单的化学问题	原电池
例6	2016年全国II卷-26*		将分析解决问题的过程及成果，能正确地运用化学术语及文字、图表、模型、图形等表达，并做出合理解释	化学原理
例7	2013年全国I卷-13	化学实验与探究能力	掌握化学实验的基本方法和技能，并初步实践化学实验的一般过程	分离提纯
例8	2000年广东卷-21		在解决化学问题的过程中，运用化学原理和科学方法，能设计合理方案，初步实践科学探究	实验设计

（三）化学学科知识体系对命题的导向作用

表1-3-4

		新增题目	考试方向
选择题	1	2014年全国Ⅰ卷-8	化学与生活
	2	2016年全国Ⅰ卷-9	有机化学
	3	2016年全国Ⅱ卷-12	物质的体验
	4（原例7）	2016年全国大纲卷-12	水的电离平衡
	5	2010年全国Ⅰ卷-10	原电池
	6	2016年全国Ⅰ卷-8	Na相关计算
	7	2016年全国Ⅲ卷-12	元素周期律
	8	2016年全国Ⅱ卷-13	化学实验
必考大题	9（原例16）	2012年海南-17	有机实验
	10	2015年全国Ⅰ卷-26	无机实验
	11（原例20）	2015年全国Ⅰ卷-28	化学反应原理
	12	2014年全国Ⅰ卷-28	化学反应原理
	13	2015年全国Ⅱ卷-27	化学反应原理
	14	2015年全国Ⅱ卷-26	电化学
	15（原例21）	2015年全国Ⅰ卷-27	化学反应原理
	16（原例15）	2007年海南-17	化学实验数据分析

分析表1-3-4可知，一是强化化学实验分析与探究的能力：要求能合理设计实验方案，初步探究实验原理；预测化学实验考查。由考查装置型性质探究实验替换考查装置型制备类实验的趋势加大，须加强性质探究类实验的训练。二是熟知三种不同版本教材中的内容差异及化学术语。重视物质制备类工艺流程题型考查、新增元素及化合物的制备方法、删去化学与技术模块选考题（以往均以工艺流程形式考查），均暗示着要加大必考非选择题中工艺流程题的考查，故在备考中，易命制相应的工艺流程题型作为主流训练题型

之一。三是考点要求更加规范、明确、具体。《考试大纲》新增了很多考点，但大多数考点在前几年高考中均有考查，如新增的"理解溶度积的含义，能进行相关计算""能正确书写简单有机化合物的同分异构体，能利用电离平衡常数进行相关计算"等。在 2016 全国 I 卷中已考查能利用电离平衡常数进行相关计算的考点，相关研究结果见表 1-3-5。

表1-3-5　2016年～2018年全国化学《考试大纲》对比研究

2016 年	2017 年	2018 年
Ⅰ．考核目标与要求		
化学科考试，为了有利于选拔具有学习潜能和创新精神的考生，以能力测试为主导，在测试考生进一步学习所必需的知识、技能和方法的基础上，全面检测考生的化学科学素养。 　化学科命题注重测量自主学习的能力，重视理论联系实际，关注与化学有关的科学技术、社会经济和生态环境的协调发展，以促进学生在知识和技能、过程和方法、情感态度和价值观等方面的全面发展。	化学科考试，为了有利于选拔具有学习潜能和创新精神的考生，以能力测试为主导，在测试考生进一步学习所必需的知识、技能和方法的基础上，全面检测考生的化学科学素养。 　化学科命题注重测量自主学习的能力，重视理论联系实际，关注与化学有关的科学技术、社会经济和生态环境的协调发展，以促进学生在知识和技能、过程和方法、情感态度和价值观等方面的全面发展。	化学科考试，为了有利于选拔具有学习潜能和创新精神的考生，以能力测试为主导，在测试考生进一步学习所必需的知识、技能和方法的基础上，全面检测考生的化学科学素养。 　化学科命题注重测量自主学习的能力，重视理论联系实际，关注与化学有关的科学技术、社会经济和生态环境的协调发展，以促进学生在知识和技能、过程和方法、情感态度和价值观等方面的全面发展。
一、对化学学习能力的要求 　1. 接受、吸收、整合化学信息的能力 　（1）对中学化学基础知识能融会贯通，有正确复述、再现、辨认的能力。	一、对化学学习能力的要求 　1. 接受、吸收、整合化学信息的能力 　（1）对中学化学基础知识能正确复述、再现、辨认，并能融会贯通。	一、对化学学习能力的要求 　1. 接受、吸收、整合化学信息的能力 　（1）对中学化学基础知识能正确复述、再现、辨认，并能融会贯通。

续 表

（2）通过对实际事物、实验现象、实物、模型、图形、图表的观察，以及对自然界、社会、生产和生活中的化学现象的观察，获取有关的感性知识和印象，并进行初步加工、吸收、有序存储的能力。 （3）从试题提供的新信息中，准确地提取实质性内容，并与已有知识块整合，重组为新知识块的能力。 2. 分析和解决（解答）化学问题的能力 （1）将实际问题分解，通过运用相关知识，采用分析、综合的方法，解决简单化学问题的能力。 （2）将分析和解决问题的过程及成果，用正确的化学术语及文字、图表、模型、图形等表达，并做出解释。 3. 化学实验与探究的能力 （1）了解并初步实践化学实验研究的一般过程，掌握化学实验的基本方法和技能。 （2）在解决简单化学问题的过程中，运用科学的方法，初步了解化学变化规律，并对化学现象做出科学合理的解释。	（2）通过对自然界、生产和生活中的化学现象的观察，以及实验现象、实物、模型的观察，对图形、图表的阅读，获取有关的感性知识和印象，并进行初步加工、吸收、有序存储。 （3）从提供的新信息中，准确地提取实质性内容，并与已有知识整合，重组为新知识块。 2. 分析和解决化学问题的能力 （1）将实际问题分解，通过运用相关知识，采用分析、综合的方法，解决简单化学问题。 （2）能将分析和解决问题的过程及成果，正确地运用化学术语及文字、图表、模型、图形等进行表达，并做出合理解释。 3. 化学实验与探究的能力 （1）掌握化学实验的基本方法和技能，并初步实践化学实验的一般过程。 （2）在解决化学问题的过程中，运用化学原理和科学方法，能设计合理方案，初步实践科学探究。	（2）通过对自然界、生产和生活中的化学现象的观察，以及实验现象、实物、模型的观察，对图形、图表的阅读，获取有关的感性知识和印象，并进行初步加工、吸收、有序存储。 （3）从提供的新信息中，准确地提取实质性内容，并与已有知识整合，重组为新知识块。 2. 分析和解决化学问题的能力 （1）将实际问题分解，通过运用相关知识，采用分析、综合的方法，解决简单化学问题。 （2）能将分析和解决问题的过程及成果，正确地运用化学术语及文字、图表、模型、图形等进行表达，并做出合理解释。 3. 化学实验与探究的能力 （1）掌握化学实验的基本方法和技能，并初步实践化学实验的一般过程。 （2）在解决化学问题的过程中，运用化学原理和科学方法，能设计合理方案，初步实践科学探究。

二、对知识内容的要求层次

为了便于考查，将高考化学命题对各部分知识内容要求的程度，由低到高分为了解、理解（掌握）、综合应用三个层次，高层次的要求包含低层次的要求，其含义分别如下。

了解：对所学化学知识有初步认识，能够正确复述、再现、辨认或直接使用。

理解（掌握）：领会所学化学知识的含义及其适用条件，能够正确判断、解释和说明有关化学现象和问题，即不仅"知其然"，还能"知其所以然"。

综合应用：在理解所学各部分化学知识之间的本质区别与内在联系的基础上，运用所掌握的知识进行必要的分析、类推或计算，解释、论证一些具体的化学问题。

二、对知识内容的要求层次

高考化学命题对知识内容的要求分为了解、理解（掌握）、综合应用三个层次，高层次的要求包含低层次的要求，其含义分别如下。

了解：对所学化学知识有初步认识，能够正确复述、再现、辨认或直接使用。

理解（掌握）：领会所学化学知识的含义及其适用条件，能够正确判断、解释和说明有关化学现象和问题。能"知其然"，还能"知其所以然"。

综合应用：在理解所学各部分化学知识之间的本质区别与内在联系的基础上，运用所掌握的知识进行必要的分析、类推或计算，解释、论证一些具体的化学问题。

二、对知识内容的要求层次

高考化学命题对知识内容的要求分为了解、理解（掌握）、综合应用三个层次，高层次的要求包含低层次的要求，其含义分别如下。

了解：对所学化学知识有初步认识，能够正确复述、再现、辨认或直接使用。

理解（掌握）：领会所学化学知识的含义及其适用条件，能够正确判断、解释和说明有关化学现象和问题。能"知其然"，还能"知其所以然"。

综合应用：在理解所学各部分化学知识之间的本质区别与内在联系的基础上，运用所掌握的知识进行必要的分析、类推或计算，解释、论证一些具体的化学问题。

必考内容

必修内容涵盖必修模块"化学1""化学2"和选修模块"化学反应原理"的内容。根据化学的学科体系和学科特点，具体内容包括：化学科学特点和化学研究基本方法、化学基本概念和基本理论、常见无机物及其应用、常见有机物及其应用和化学实验基础五个方面。

必考内容涵盖必修模块"化学1""化学2"和选修模块"化学反应原理"的内容。根据化学的学科体系和学科特点，必考部分的内容包括：化学学科特点和基本研究方法、化学基本概念和基本理论、常见无机物及其应用、常见有机物及其应用和化学实验基础五个方面。

必考内容涵盖必修模块"化学1""化学2"和选修模块"化学反应原理"的内容。根据化学的学科体系和学科特点，必考部分的内容包括：化学学科特点和基本研究方法、化学基本概念和基本理论、常见无机物及其应用、常见有机物及其应用和化学实验基础五个方面。

续 表

1. 化学科学特点和化学研究基本方法	1. 化学学科特点和基本研究方法	1. 化学学科特点和基本研究方法
（1）了解化学的主要特点是在原子、分子水平上认识物质。了解化学可以识别、改变和创造分子。	（1）了解化学的主要特点是在原子、分子水平上认识物质。了解化学可以识别、改变和创造分子。	（1）了解化学的主要特点是在原子、分子水平上认识物质。了解化学可以识别、改变和创造分子。
（2）了解科学探究的基本过程，学习运用以实验和推理为基础的科学探究方法。认识化学是以实验为基础的一门科学。	（2）了解科学探究的基本过程，学习运用以实验和推理为基础的科学探究方法。认识化学是以实验为基础的一门科学。	（2）了解科学探究的基本过程，学习运用以实验和推理为基础的科学探究方法。认识化学是以实验为基础的一门科学。
（3）了解物质的组成、结构和性质的关系。了解化学反应的本质、基本原理以及能量变化等规律。	（3）了解物质的组成、结构和性质的关系。了解化学反应的本质、基本原理以及能量变化等规律。	（3）了解物质的组成、结构和性质的关系。了解化学反应的本质、基本原理以及能量变化等规律。
（4）了解定量研究的方法是化学发展为一门科学的重要标志。理解摩尔（mol）是物质的量的基本单位，可用于进行简单的化学计算。	（4）了解定量研究方法是化学发展为一门科学的重要标志。	（4）了解定量研究方法是化学发展为一门科学的重要标志。
（5）了解科学、技术、社会的相互关系（如化学与生活、材料、能源、环境、生命过程、信息技术的关系等）。了解在化工生产中遵循"绿色化学"思想的重要性。	（5）了解化学与生活、材料、能源、环境、生命、信息技术等的关系。了解"绿色化学"的重要性。	（5）了解化学与生活、材料、能源、环境、生命、信息技术等的关系。了解"绿色化学"的重要性。
2. 化学基本概念和基本理论	2. 化学基本概念和基本理论	2. 化学基本概念和基本理论
（1）物质的组成、性质和分类	（1）物质的组成、性质和分类	（1）物质的组成、性质和分类
①了解分子、原子、离子等概念的含义。了解原子团的定义。	① 了解分子、原子、离子和原子团等概念的含义。	① 了解分子、原子、离子和原子团等概念的含义。
	② 理解物理变化与化学变化的区别与联系。	② 理解物理变化与化学变化的区别与联系。
	③ 理解混合物和纯净物、单质和化合物、金属和非金属的概念。	③ 理解混合物和纯净物、单质和化合物、金属和非金属的概念。

②理解物理变化与化学变化的区别与联系。

③理解混合物和纯净物、单质和化合物、金属和非金属的概念。

④理解酸、碱、盐、氧化物的概念及其相互联系。

（2）化学用语及常用物理量

①熟记并正确书写常见元素的名称、符号、离子符号。

②熟悉常见元素的化合价。能根据化合价正确书写化学式（分子式），或根据化学式判断元素的化合价。

③了解原子结构示意图、分子式、结构式和结构简式的表示方法。

④了解相对原子质量、相对分子质量的定义，并能进行有关计算。

⑤理解质量守恒定律的含义。

⑥能正确书写化学方程式和离子方程式，并能进行有关计算。

⑦了解物质的量的单位——摩尔（mol）、摩尔质量、气体摩尔体积、物质的量浓度、阿伏加德罗常数的含义。

④理解酸、碱、盐、氧化物的概念及其相互联系。

（2）化学用语及常用物理量

①熟记并正确书写常见元素的名称、符号、离子符号。

②熟悉常见元素的化合价。能根据化合价正确书写化学式（分子式），或根据化学式判断元素的化合价。

③掌握原子结构示意图、电子式、分子式、结构式和结构简式等表示方法。

④了解相对原子质量、相对分子质量的定义，并能进行有关计算。

⑤理解质量守恒定律。

⑥能正确书写化学方程式和离子方程式，并能进行有关计算。

⑦了解物质的量（n）及其单位摩尔（mol）、摩尔质量（M）、气体摩尔体积（V_m）、物质的量浓度（c）、阿伏加德罗常数（N_A）的含义。

⑧能根据微粒（原子、分子、离子等）物质的量、数目、气体体积（标准状况下）之间的相互关系进行有关计算。

④理解酸、碱、盐、氧化物的概念及其相互联系。

（2）化学用语及常用物理量

①熟记并正确书写常见元素的名称、符号、离子符号。

②熟悉常见元素的化合价。能根据化合价正确书写化学式（分子式），或根据化学式判断元素的化合价。

③掌握原子结构示意图、电子式、分子式、结构式和结构简式等表示方法。

④了解相对原子质量、相对分子质量的定义，并能进行有关计算。

⑤理解质量守恒定律。

⑥能正确书写化学方程式和离子方程式，并能进行有关计算。

⑦了解物质的量（n）及其单位摩尔（mol）、摩尔质量（M）、气体摩尔体积（V_m）、物质的量浓度（c）、阿伏加德罗常数（N_A）的含义。

⑧能根据微粒（原子、分子、离子等）物质的量、数目、气体体积（标准状况下）之间的相互关系进行有关计算。

续 表

⑧ 能根据物质的量与微粒（原子、分子、离子等）数目、气体体积（标准状况下）之间的相互关系进行有关计算。

（3）溶液

① 了解溶液的含义。

② 了解溶解度、饱和溶液的概念。

③ 了解溶液的组成。理解溶液中溶质的质量分数的概念，并能进行有关计算。

④ 了解配制一定溶质质量分数、物质的量浓度溶液的方法。

⑤ 了解胶体是一种常见的分散系。

（4）物质结构和元素周期律

① 了解元素、核素和同位素的含义。

② 了解原子的构成。了解原子序数、核电荷数、质子数、中子数、核外电子数以及它们之间的相互关系。

③ 了解原子核外电子排布。

④ 掌握元素周期律的实质。了解元素周期表（长式）的结构（周期、族）及其应用。

⑤ 以第三周期为例，掌握同一周期内元素性质的递变规律与原子结构的关系。

（3）溶液

① 了解溶液的含义。

② 了解溶解度、饱和溶液的概念。

③ 了解溶液浓度的表示方法。理解溶液中溶质的质量分数和物质的量浓度的概念，并能进行有关计算。

④ 掌握配制一定溶质质量分数溶液和物质的量浓度溶液的方法。

⑤ 了解胶体是一种常见的分散系，了解溶液和胶体的区别。

（4）物质结构和元素周期律

① 了解元素、核素和同位素的含义。

② 了解原子的构成。了解原子序数、核电荷数、质子数、中子数、核外电子数以及它们之间的相互关系。

③ 了解原子核外电子排布规律。

④ 掌握元素周期律的实质。了解元素周期表（长式）的结构（周期、族）及其应用。

⑤ 以第三周期为例，掌握同一周期内元素性质的递变规律与原子结构的关系。

⑥ 以ⅠA族和ⅦA族为例，掌握同一主族内元素性质递变规律与原子结构的关系。

（3）溶液

① 了解溶液的含义。

② 了解溶解度、饱和溶液的概念。

③ 了解溶液浓度的表示方法。理解溶液中溶质的质量分数和物质的量浓度的概念，并能进行有关计算。

④ 掌握配制一定溶质质量分数溶液和物质的量浓度溶液的方法。

⑤ 了解胶体是一种常见的分散系，了解溶液和胶体的区别。

（4）物质结构和元素周期律

① 了解元素、核素和同位素的含义。

② 了解原子的构成。了解原子序数、核电荷数、质子数、中子数、核外电子数以及它们之间的相互关系。

③ 了解原子核外电子排布规律。

④ 掌握元素周期律的实质。了解元素周期表（长式）的结构（周期、族）及其应用。

⑤ 以第三周期为例，掌握同一周期内元素性质的递变规律与原子结构的关系。

⑥ 以ⅠA族和ⅦA族为例，掌握同一主族内元素性质递变规律与原子结构的关系。

⑥以ⅠA族和ⅦA族为例，掌握同一主族内元素性质递变规律与原子结构的关系。

⑦了解金属、非金属元素在周期表中的位置及其性质递变规律。

⑧了解化学键的定义。了解离子键、共价键的形成。

（5）化学反应与能量

①了解氧化还原反应的本质是电子的转移。了解常见的氧化还原反应。掌握常见氧化还原反应的配平和相关计算。

②了解化学反应中能量转化的原因，能说出常见的能量转化形式。

③了解化学能与热能的相互转化。了解吸热反应、放热反应，反应热等概念。

④了解热化学方程式的含义。

⑤了解能源是人类生存和社会发展的重要基础。了解化学在解决能源危机中的重要作用。

⑥了解焓变与反应热的含义。了解 $\Delta H=H$（生成物）$-H$（反应物）表达式的含义。

⑦理解盖斯定律，并能运用盖斯定律进行有关反应焓变的简单计算。

⑦了解金属、非金属元素在周期表中的位置及其性质递变规律。

⑧了解化学键的定义。了解离子键、共价键的形成。

（5）化学反应与能量

①了解氧化还原反应的本质。了解常见的氧化还原反应。掌握常见氧化还原反应的配平和相关计算。

②了解化学反应中能量转化的原因及常见的能量转化形式。

③了解化学能与热能的相互转化。了解吸热反应、放热反应、反应热等概念。

④了解热化学方程式的含义，能正确书写热化学方程式。

⑤了解能源是人类生存和社会发展的重要基础。了解化学在解决能源危机中的重要作用。

⑥了解焓变（ΔH）与反应热的含义。

⑦理解盖斯定律，并能运用盖斯定律进行有关反应焓变的计算。

⑧理解原电池和电解池的构成、工作原理及应用，能书写电极反应和总反应方程式。了解常见化学电源的种类及其工作原理。

⑦了解金属、非金属元素在周期表中的位置及其性质递变规律。

⑧了解化学键的定义。了解离子键、共价键的形成。

（5）化学反应与能量

①了解氧化还原反应的本质。了解常见的氧化还原反应。掌握常见氧化还原反应的配平和相关计算。

②了解化学反应中能量转化的原因及常见的能量转化形式。

③了解化学能与热能的相互转化。了解吸热反应、放热反应、反应热等概念。

④了解热化学方程式的含义，能正确书写热化学方程式。

⑤了解能源是人类生存和社会发展的重要基础。了解化学在解决能源危机中的重要作用。

⑥了解焓变（ΔH）与反应热的含义。

⑦理解盖斯定律，并能运用盖斯定律进行有关反应焓变的计算。

⑧理解原电池和电解池的构成、工作原理及应用，能书写电极反应和总反应方程式。了解常见化学电源的种类及其工作原理。

续 表

⑧了解原电池和电解池的工作原理，能写出电极反应和电池反应方程式。了解常见化学电源的种类及其工作原理。 ⑨理解金属发生电化学腐蚀的原因、金属腐蚀的危害、防止金属腐蚀的措施。 （6）化学反应速率和化学平衡 ①了解化学反应速率的概念、反应速率的定量表示方法。 ②了解催化剂在生产、生活和科学研究领域中的重要作用。 ③了解化学反应的可逆性。 ④了解化学平衡建立的过程。了解化学平衡常数的含义，能利用化学平衡常数进行相关计算。 ⑤理解外界条件（浓度、温度、压强、催化剂等）对反应速率和化学平衡的影响，认识并能用相关理论解释其一般规律。 ⑥了解化学反应速率和化学平衡的调控在生活、生产和科学研究领域中的重要作用。	⑨了解金属发生电化学腐蚀的原因、金属腐蚀的危害以及防止金属腐蚀的措施。 （6）化学反应速率和化学平衡 ①了解化学反应速率的概念和定量表示方法。能正确计算化学反应的转化率（α）。 ②了解反应活化能的概念，了解催化剂的重要作用。 ③了解化学反应的可逆性及化学平衡的建立。 ④掌握化学平衡的特征。了解化学平衡常数（K）的含义，能利用化学平衡常数进行相关计算。 ⑤理解外界条件（浓度、温度、压强、催化剂等）对反应速率和化学平衡的影响，能用相关理论解释其一般规律。 ⑥了解化学反应速率和化学平衡的调控在生活、生产和科学研究领域中的重要作用。	⑨了解金属发生电化学腐蚀的原因、金属腐蚀的危害以及防止金属腐蚀的措施。 （6）化学反应速率和化学平衡 ①了解化学反应速率的概念和定量表示方法。能正确计算化学反应的转化率（α）。 ②了解反应活化能的概念，了解催化剂的重要作用。 ③了解化学反应的可逆性及化学平衡的建立。 ④掌握化学平衡的特征。了解化学平衡常数（K）的含义，能利用化学平衡常数进行相关计算。 ⑤理解外界条件（浓度、温度、压强、催化剂等）对反应速率和化学平衡的影响，能用相关理论解释其一般规律。 ⑥了解化学反应速率和化学平衡的调控在生活、生产和科学研究领域中的重要作用。

（7）电解质溶液 ① 了解电解质的概念。了解强电解质和弱电解质的概念。 ② 了解电解质在水溶液中的电离以及电解质溶液的导电性。 ③ 了解弱电解质在水溶液中的电离平衡。 ④ 了解水的电离、离子积常数。 ⑤ 了解溶液 pH 的定义。了解测定溶液 pH 的方法。能进行 pH 的简单计算。 ⑥ 了解盐类水解的原理、影响盐类水解程度的主要因素、盐类水解的应用。 ⑦ 了解离子反应的概念、离子反应发生的条件。了解常见离子的检验方法。 ⑧ 了解难溶电解质的沉淀溶解平衡。了解溶度积的含义及其表达式，能进行相关的计算。 （8）以上各部分知识的综合应用。 3. 常见无机物及其应用 （1）常见金属元素（如 Na，Al，Fe，Cu 等） ① 了解常见金属的活动顺序。	（7）电解质溶液 ① 了解电解质的概念，了解强电解质和弱电解质的概念。 ② 理解电解质在水中的电离以及电解质溶液的导电性。 ③ 了解水的电离、离子积常数。 ④ 了解溶液 pH 的含义及其测定方法，能进行 pH 的简单计算。 ⑤ 理解弱电解质在水中的电离平衡，能利用电离平衡常数进行相关计算。 ⑥ 了解盐类水解的原理、影响盐类水解程度的主要因素、盐类水解的应用。 ⑦ 了解离子反应的概念、离子反应发生的条件。掌握常见离子的检验方法。 ⑧ 了解难溶电解质的沉淀溶解平衡。理解溶度积（K_{sp}）的含义，能进行相关的计算。 （8）以上各部分知识的综合应用。 3. 常见无机物及其应用 （1）常见金属元素（如 Na，Mg，Al，Fe，Cu 等） ① 了解常见金属的活动顺序。	（7）电解质溶液 ① 了解电解质的概念，了解强电解质和弱电解质的概念。 ② 理解电解质在水中的电离以及电解质溶液的导电性。 ③ 了解水的电离、离子积常数。 ④ 了解溶液 pH 的含义及其测定方法，能进行 pH 的简单计算。 ⑤ 理解弱电解质在水中的电离平衡，能利用电离平衡常数进行相关计算。 ⑥ 了解盐类水解的原理、影响盐类水解程度的主要因素、盐类水解的应用。 ⑦ 了解离子反应的概念、离子反应发生的条件。掌握常见离子的检验方法。 ⑧ 了解难溶电解质的沉淀溶解平衡。理解溶度积（K_{sp}）的含义，能进行相关的计算。 （8）以上各部分知识的综合应用。 3. 常见无机物及其应用 （1）常见金属元素（如 Na，Mg，Al，Fe，Cu 等） ① 了解常见金属的活动顺序。

续　表

②了解常见金属及其重要化合物的主要性质及其应用。 ③了解合金的概念及其重要应用。 （2）常见非金属元素（如H，C，N，O，Si，S，Cl等） ①了解常见非金属元素单质及其重要化合物的主要性质及应用。 ②了解常见非金属元素单质及其重要化合物对环境质量的影响。 （3）以上各部分知识的综合应用。 4．常见有机物及其应用 （1）了解有机化合物中碳的成键特征。 （2）了解甲烷、乙烯、苯等有机化合物的主要性质。 （3）了解乙烯、氯乙烯、苯的衍生物等在化工生产中的重要作用。 （4）了解乙醇、乙酸的组成、主要性质及重要应用。 （5）了解糖类、油脂、蛋白质的组成、主要性质及重要应用。	②了解常见金属及其重要化合物的制备方法，掌握其主要性质及其应用。 ③了解合金的概念及其重要应用。 （2）常见非金属元素（如H，C，N，O，Si，S，Cl等） ①了解常见非金属元素单质及其重要化合物的制备方法，掌握其主要性质及其应用。 ②了解常见非金属元素单质及其重要化合物对环境的影响。 （3）以上各部分知识的综合应用。 4．常见有机物及其应用 （1）了解有机化合物中碳的成键特征。 （2）了解有机化合物的同分异构现象，能正确书写简单有机化合物的同分异构体。 （3）掌握常见有机反应类型。 （4）了解甲烷、乙烯、苯等有机化合物的主要性质及应用。 （5）了解氯乙烯、苯的衍生物等在化工生产中的重要作用。	②了解常见金属及其重要化合物的制备方法，掌握其主要性质及其应用。 ③了解合金的概念及其重要应用。 （2）常见非金属元素（如H，C，N，O，Si，S，Cl等） ①了解常见非金属元素单质及其重要化合物的制备方法，掌握其主要性质及其应用。 ②了解常见非金属元素单质及其重要化合物对环境的影响。 （3）以上各部分知识的综合应用。 4．常见有机物及其应用 （1）了解有机化合物中碳的成键特征。 （2）了解有机化合物的同分异构现象，能正确书写简单有机化合物的同分异构体。 （3）掌握常见有机反应类型。 （4）了解甲烷、乙烯、苯等有机化合物的主要性质及应用。 （5）了解氯乙烯、苯的衍生物等在化工生产中的重要作用。

（6）了解常见高分子材料的合成反应及重要应用。

（7）以上各部分知识的综合应用。

5. 化学实验基础

（1）了解化学实验是科学探究过程中的一种重要方法。

（2）了解化学实验室常用仪器的主要用途和使用方法。

（3）掌握化学实验的基本操作。能识别化学品安全使用标识。了解实验室一般事故的预防和处理方法。

（4）掌握常见气体的实验室制法（包括所用试剂、仪器、反应原理和收集方法）。

（5）能对常见的物质进行检验、分离和提纯。能根据要求配制溶液。

（6）能根据要求，做到：

① 设计、评价或改进实验方案；

② 了解控制实验条件的方法；

（6）了解乙醇、乙酸的结构、主要性质及重要应用。

（7）了解糖类、油脂、蛋白质的组成、主要性质及重要应用。

（8）了解常见高分子材料的合成及重要应用。

（9）以上各部分知识的综合应用。

5. 化学实验基础

（1）了解化学实验是科学探究过程中的一种重要方法。

（2）了解化学实验室常用仪器的主要用途和使用方法。

（3）掌握化学实验的基本操作。能识别化学品标志。了解实验室一般事故的预防和处理方法。

（4）掌握常见气体的实验室制法（包括所用试剂、反应原理、仪器和收集方法）。

（5）掌握常见物质检验、分离和提纯的方法。掌握溶液的配制方法。

（6）根据化学实验的目的和要求，能做到：

① 设计实验方案；

② 正确选用实验装置；

（6）了解乙醇、乙酸的结构、主要性质及重要应用。

（7）了解糖类、油脂、蛋白质的组成、主要性质及重要应用。

（8）了解常见高分子材料的合成及重要应用。

（9）以上各部分知识的综合应用。

5. 化学实验基础

（1）了解化学实验是科学探究过程中的一种重要方法。

（2）了解化学实验室常用仪器的主要用途和使用方法。

（3）掌握化学实验的基本操作。能识别化学品标志。了解实验室一般事故的预防和处理方法。

（4）掌握常见气体的实验室制法（包括所用试剂、反应原理、仪器和收集方法）。

（5）掌握常见物质检验、分离和提纯的方法。掌握溶液的配制方法。

（6）根据化学实验的目的和要求，能做到：

① 设计实验方案；

② 正确选用实验装置；

续 表

③ 分析或处理实验数据，得出合理结论； ④ 识别典型的实验仪器装置图。 （7）以上各部分知识与技能的综合应用。	③ 掌握控制实验条件的方法； ④ 预测或描述实验现象、分析或处理实验数据，得出合理结论； ⑤ 评价或改进实验方案。 （7）以上各部分知识与技能的综合应用。	③ 掌握控制实验条件的方法； ④ 预测或描述实验现象、分析或处理实验数据，得出合理结论； ⑤ 评价或改进实验方案。 （7）以上各部分知识与技能的综合应用。
选考内容		
（一）物质结构与性质 1. 原子结构与元素的性质 （1）了解原子核外电子的排布原理及能级分布，能用电子排布式表示常见元素（1～36 号）原子核外电子、价电子的排布。了解原子核外电子的运动状态。 （2）了解元素电离能的含义，并能用以说明元素的某些性质。 （3）了解原子核外电子在一定条件下会发生跃迁，了解其简单应用。 （4）了解电负性的概念，知道元素的性质与电负性的关系。 2. 化学键与分子结构 （1）理解离子键的形成，能根据离子化合物的结构特征解释其物理性质。	（一）物质结构与性质 1. 原子结构与元素的性质 （1）了解原子核外电子的运动状态、能级分布和排布原理，能正确书写 1～36 号元素原子核外电子、价电子的电子排布式和轨道表达式。 （2）了解电离能的含义，并能用以说明元素的某些性质。 （3）了解电子在原子轨道之间的跃迁及其简单应用。 （4）了解电负性的概念，并能用以说明元素的某些性质。 2. 化学键与分子结构 （1）理解离子键的形成，能根据离子化合物的结构特征解释其物理性质。	（一）物质结构与性质 1. 原子结构与元素的性质 （1）了解原子核外电子的运动状态、能级分布和排布原理，能正确书写 1～36 号元素原子核外电子、价电子的电子排布式和轨道表达式。 （2）了解电离能的含义，并能用以说明元素的某些性质。 （3）了解电子在原子轨道之间的跃迁及其简单应用。 （4）了解电负性的概念，并能用以说明元素的某些性质。 2. 化学键与分子结构 （1）理解离子键的形成，能根据离子化合物的结构特征解释其物理性质。

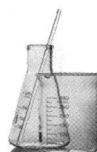

（2）了解共价键的形成，能用键能、键长、键角等说明简单分子的某些性质。

（3）了解原子晶体的特征，能描述金刚石、二氧化硅等原子晶体的结构与性质的关系。

（4）理解金属键的含义，能用金属键理论解释金属的一些物理性质。了解金属晶体常见的堆积方式。

（5）了解杂化轨道理论及常见的杂化轨道类型（sp，sp^2，sp^3）。

（6）能用价层电子对互斥理论或者杂化轨道理论推测常见的简单分子或离子的空间结构。

3．分子间作用力与物质的性质

（1）了解化学键和分子间作用力的区别。

（2）了解氢键的存在对物质性质的影响，能列举含有氢键的物质。

（3）了解分子晶体与原子晶体、离子晶体、金属晶体的结构微粒、微粒间作用力的区别。

（4）能根据晶胞确定晶体的组成并进行相关的计算。

（5）了解晶格能的概念及其对离子晶体性质的影响。

（2）了解共价键的形成、极性、类型（σ键和π键）。了解配位键的含义。

（3）能用键能、键长、键角等说明简单分子的某些性质。

（4）了解杂化轨道理论及简单的杂化轨道类型（sp，sp^2，sp^3）。

（5）能用价层电子对互斥理论或者杂化轨道理论推测简单分子或离子的空间结构。

3．分子间作用力与物质的性质

（1）了解范德华力的含义及其对物质性质的影响。

（2）了解氢键的含义，能列举存在氢键的物质，并能解释氢键对物质性质的影响。

4．晶体结构与性质

（1）了解晶体的类型，了解不同类型晶体中结构微粒、微粒间作用力的区别。

（2）了解晶格能的概念，了解晶格能对离子晶体性质的影响。

（3）了解分子晶体结构与性质的关系。

（4）了解原子晶体的特征，能描述金刚石、二氧化硅等原子晶体的结构与性质的关系。

（2）了解共价键的形成、极性、类型（σ键和π键）。了解配位键的含义。

（3）能用键能、键长、键角等说明简单分子的某些性质。

（4）了解杂化轨道理论及简单的杂化轨道类型（sp，sp^2，sp^3）。

（5）能用价层电子对互斥理论或者杂化轨道理论推测简单分子或离子的空间结构。

3．分子间作用力与物质的性质

（1）了解范德华力的含义及其对物质性质的影响。

（2）了解氢键的含义，能列举存在氢键的物质，并能解释氢键对物质性质的影响。

4．晶体结构与性质

（1）了解晶体的类型，了解不同类型晶体中结构微粒、微粒间作用力的区别。

（2）了解晶格能的概念，了解晶格能对离子晶体性质的影响。

（3）了解分子晶体结构与性质的关系。

（4）了解原子晶体的特征，能描述金刚石、二氧化硅等原子晶体的结构与性质的关系。

续 表

（二）有机化学基础 1. 有机化合物的组成与结构 （1）能根据有机化合物的元素含量、相对分子质量确定有机化合物的分子式。 （2）了解常见有机化合物的结构。了解有机物分子中的官能团，能正确地表示它们的结构。 （3）了解确定有机化合物结构的化学方法和某些物理方法。 （4）了解有机化合物存在异构现象，能判断简单有机化合物的同分异构体（不包括手性异构体）。 （5）能根据有机化合物命名规则命名简单的有机化合物。 （6）能列举事实说明有机分子中基团之间存在相互影响。 2. 烃及其衍生物的性质与应用 （1）以烷、烯、炔和芳香烃的代表物为例，比较它们在组成、结构和性质上的差异。 （2）了解天然气、石油液化气和汽油的主要成分及其应用。	（5）理解金属键的含义，能用金属键理论解释金属的一些物理性质。了解金属晶体常见的堆积方式。 （6）了解晶胞的概念，能根据晶胞确定晶体的组成并进行相关的计算。 （二）有机化学基础 1. 有机化合物的组成与结构 （1）能根据有机化合物的元素含量、相对分子质量确定有机化合物的分子式。 （2）了解常见有机化合物的结构。了解有机化合物分子中的官能团，能正确地表示它们的结构。 （3）了解确定有机化合物结构的化学方法和物理方法（如质谱、红外光谱、核磁共振氢谱等）。 （4）能正确书写有机化合物的同分异构体（不包括手性异构体）。 （5）能够正确命名简单的有机化合物。 （6）了解有机分子中官能团之间的相互影响。	（5）理解金属键的含义，能用金属键理论解释金属的一些物理性质。了解金属晶体常见的堆积方式。 （6）了解晶胞的概念，能根据晶胞确定晶体的组成并进行相关的计算。 （二）有机化学基础 1. 有机化合物的组成与结构 （1）能根据有机化合物的元素含量、相对分子质量确定有机化合物的分子式。 （2）了解常见有机化合物的结构。了解有机化合物分子中的官能团，能正确地表示它们的结构。 （3）了解确定有机化合物结构的化学方法和物理方法（如质谱、红外光谱、核磁共振氢谱等）。 （4）能正确书写有机化合物的同分异构体（不包括手性异构体）。 （5）能够正确命名简单的有机化合物。 （6）了解有机分子中官能团之间的相互影响。

（3）能举例说明烃类物质在有机合成和有机化工中的重要作用。

（4）了解卤代烃、醇、酚、醛、羧酸、酯的典型代表物的组成和结构特点以及它们的相互联系。

（5）了解加成反应、取代反应和消去反应。

（6）结合实际了解某地有机化合物对环境和健康可能产生的影响，关注有机化合物的安全使用问题。

3. 糖类、氨基酸和蛋白质

（1）了解糖类的组成和性质特点，能举例说明糖类在食品加工和生物质能源开发上的应用。

（2）了解氨基酸的组成、结构特点和主要化学性质。了解氢基酸与人体健康的关系。

（3）了解蛋白质的组成、结构和性质。

（4）了解化学科学在生命科学发展中所起的重要作用。

4. 合成高分子化合物

（1）了解合成高分子化合物的组成与结构特点，能依据简单合成高分子化合物的结构分析其链节和单体。

（2）了解加聚反应和缩聚反应的特点。

---

2. 烃及其衍生物的性质与应用

（1）掌握烷、烯、炔和芳香烃的结构与性质。

（2）掌握卤代烃、醇、酚、醛、羧酸、酯的结构与性质，以及它们之间的相互转化。

（3）了解烃类及衍生物的重要应用以及烃的衍生物合成方法。

（4）根据信息能设计有机化合物的合成路线。

3. 糖类、氨基酸和蛋白质

（1）了解糖类、氨基酸和蛋白质的组成、结构特点、主要化学性质及应用。

（2）了解糖类、氨基酸和蛋白质在生命过程中的作用。

4. 合成高分子化合物

（1）了解合成高分子化合物的组成与结构特点。能依据简单合成高分子化合物的结构分析其链节和单体。

（2）了解加聚反应和缩聚反应的含义。

（3）了解合成高分子化合物在高新技术领域的应用以及在发展经济、提高生活质量方面中的贡献。

---

2. 烃及其衍生物的性质与应用

（1）掌握烷、烯、炔和芳香烃的结构与性质。

（2）掌握卤代烃、醇、酚、醛、羧酸、酯的结构与性质，以及它们之间的相互转化。

（3）了解烃类及衍生物的重要应用以及烃的衍生物合成方法。

（4）根据信息能设计有机化合物的合成路线。

3. 糖类、氨基酸和蛋白质

（1）了解糖类、氨基酸和蛋白质的组成、结构特点、主要化学性质及应用。

（2）了解糖类、氨基酸和蛋白质在生命过程中的作用。

4. 合成高分子化合物

（1）了解合成高分子化合物的组成与结构特点，能依据简单合成高分子化合物的结构分析其链节和单体。

（2）了解加聚反应和缩聚反应的含义。

（3）了解合成高分子化合物在高新技术领域的应用以及在发展经济、提高生活质量方面中的贡献。

续 表

（3）了解新型高分子材料的性能及其在高新技术领域中的应用。 （4）了解合成高分子化合物在发展经济、提高生活质量方面的贡献。		

表 1-3-6　关注 2017 年《考试大纲》新增内容

考点考向	2017 年	2016 年	备注
化学反应速率和化学平衡	了解化学反应速率的概念和定量表示方法。能正确计算化学反应的转化率（α）	了解化学反应速率的概念、反应速率的定量表示方法	新增
	了解反应活化能的概念，了解催化剂的重要作用	了解催化剂在生产、生活和科学研究领域中的重大作用	新增
	掌握化学平衡的特征。了解化学平衡常数（K）的含义，能利用化学平衡常数进行相关计算	了解化学平衡建立的过程。理解化学平衡常数的含义，能够利用化学平衡常数进行简单的计算	新增
	理解外界条件（浓度、温度、压强、催化剂等）对反应速率和化学平衡的影响，能用相关理论解释其一般规律	理解外界条件（浓度、温度、压强、催化剂等）对反应速率和化学平衡的影响，认识其一般规律	
电解质溶液	理解电解质在水中的电离以及电解质溶液的导电性	了解电解质在水溶液中的电离以及电解质溶液的导电性	删改
	理解弱电解质在水中的电离平衡，能利用电离平衡常数进行相关计算	了解弱电解质在水溶液中的电离平衡	新增
	了解难溶电解质的沉淀溶解平衡。理解溶度积（K_{sp}）的含义	了解难溶解电解质的沉淀溶解平衡及沉淀转化的本质	新增
	了解离子反应的概念、离子反应发生的条件。掌握常见离子的检验方法	了解离子反应的概念、离子反应发生的条件。了解常见离子的检验方法	修改

第二章

深入研究高考试题　把握命题规律

第一节 历年高考化学试题的特色评析

"研究高考试题就是和命题专家对话。"无论教师还是学生都要深入研究高考试题，领会高考试题的设计思路和考查意图，反思"教"与"学"中存在的问题与不足，改变教学与复习方式。斯塔弗尔比姆指出："评价最重要的意图不是为了证明，而是为了改进。"我们要通过分析评价高考试题和有关高考数据，认识"教"与"学"的欠缺，及时改进和提高教学方式。研究高考试题有助于我们自主选题、编题、创题。因此，每年高考结束后，从教育部到命题专家再到教研员和一线教师都会撰写文章评析高考试题。

一、高考化学试题的特色分析

2017年6月8日教育部考试中心撰文对2017年高考化学试题进行评析，指出2017年高考化学试题的特色。

（一）坚持立德树人，传承优秀科技文化

第一，呈现中国成就，传递爱国情怀。

2017年高考化学试题，从试题素材、考核知识点以及情景设置等角度，着力引导考生关注我国社会、经济和科学技术的发展，弘扬社会主义核心价值观。通过挖掘历史文献和顶级科研论文寻找合适资料，以中国古代科技文明、我国科学家最新研究成果为素材编制试题，体现中国传统科技文化对人类发展和社会进步的贡献，引导考生热爱化学，为国奉献。例如，全国Ⅰ卷中的试题以我国古代由砷矿提取三氧化二砷技术为背景考查元素化合物分离的基本

操作方法；全国Ⅱ卷中的试题以我国科学家合成世界首个"五氮阴离子化合物"为素材考查物质结构的基础理论；北京卷的试题以我国在 CO_2 催化加氢制取汽油方面的突破性进展为素材考查物质转化反应和有机物的基本概念；天津卷中的试题以传统中草药黄芩的有效成分"汉黄芩素"为素材考查有机物的结构和性质。

第二，渗透研究过程，激发科学精神。

对于苯结构的阐释和研究是一个充满神奇色彩的过程。全国Ⅰ卷第 9 题以三个分子式均为 C_6H_6 的化合物展开设问，这三种物质结构是 19 世纪中后期三位化学家提出的苯的三种结构，包括 1865 年由化学家凯库勒提出的凯库勒式、1867 年由杜瓦提出具有双环结构的杜瓦苯以及 1869 年由拉敦保格提出来的三棱柱结构。凯库勒结构比较符合苯的化学性质，因此一直沿用至今。当然这些结构还不能解释苯的某些性质，因此在凯库勒之后仍有一些科学家继续探索研究苯的结构与性质之间的关系。设置这道试题的目的是让考生尊重物质化学性质的事实和证据，养成敢于质疑、勇于创新的科学精神。

（二）健全考查体系，科学选拔优秀人才

第一，落实《考试大纲》修订思路，考查必备知识内容。

2017 年高考化学试题贯彻 2017 年《考试大纲》的指导思想，通过科学设计试卷结构，落实考查目标和考查要求。首先是落实考查学科的必备知识和方法。化学作为一门自然科学，既有自己的科学体系，又有与之适应的学习方法。中学化学中的基本理论体现在化学反应原理和物质结构理论两个层面，以两大理论为指导，学习常见无机物和有机物的组成、结构、反应和应用。必备知识内容，包括熟悉基本化合物的性质和反应及其相互转化规律、化学反应原理和结构知识的精髓、基本化学实验操作方法和实验设计思想。模块设置的调整，看似删去了化学与技术模块，实际上是将几个模块内容融合在一起命制试题，以此考查考生综合运用学科知识的能力。如全国Ⅰ卷第 13 题、全国Ⅱ卷第 12 题均以电解质溶液平衡为素材，呈现平衡数据关系图，加大考查考生运用平衡原理、元素知识综合分析问题的能力。

第二，呈现真实化学问题，考查应用实践能力。

化学与材料科学、生命科学、环境科学、能源科学等联系紧密，是这些科学的基础；化学又是一门创造新物质的科学，通过日益发展的合成技术，为人类社会提供了农药、化肥、医药和种类繁多的新材料等。2017 年高考化学试题从化学科学的这一特点出发，牢牢把握化学的应用性，广泛联系实际，创设化学应用情境，引领考生正确认识化学对社会发展和人类进步的巨大贡献，认识化学学科的价值。例如，全国卷的试题中涉及实际情境的主要有新材料制备、废物综合利用、环境保护技术、有机新物质和新药物合成、无机化工生产以及新技术性能源等。这些试题均要求考生将基础化学、基本化学原理和方法运用到实际生产生活中，解释生活中相关的现象，解决工业生产的问题。

第三，创新试题情境素材，考查探索创新意识。

在化学学科领域，考查创新思维能力的试题形式包括合成新物质、阐释反应机理或新的结构理论、发现新的合成方法以及应用新的分析测试技术等。2017 年高考化学试题对创新思维能力的考查主要体现在推理实验现象、设计合成路线、阐释结构与性质的规律三个方面。①对于推理实验现象的考查，基本思路是给出探究目的和装置，要求考生根据物质在不同条件下的性质，选择合适的药品并推测实验中的现象。例如，全国Ⅲ卷第 26 题探究硫酸亚铁的分解产物，通过残留物的颜色推理分解产物，并通过选择品红和氯化钡等试剂进行验证推理。②对于设计合成路线，是以有机化合物为考查载体的。要求考生对给定的目标有机物，利用逆合成分析方法解析目标有机物，将其分解为题目提供的简单有机物，将已经学过的反应和题目给出的反应信息相结合，设计出符合要求的合成路线。例如，全国Ⅲ卷第 36 题"由苯甲醚制备 4-甲氧基乙酰苯胺的合成路线"。③阐释结构与性质的规律，要求能根据给出的物质性质数据或者图表，采用合适的分析方法，总结物质结构与性质之间的关系及变化规律。例如，全国Ⅲ卷第 35 题要求考生分析二氧化碳、氢气、甲醇和水的沸点从高到低的顺序，并阐释沸点高低的原因。

（三）展现学科价值，灌输绿色化学思想

化学是一门具有实际应用意义的学科，与材料科学、生命科学、环境科

学等相融合产生了诸多的交叉学科。化学知识和理论是化工生产、环境保护以及新材料、新物质合成制备的技术储备和理论支撑。2017年高考化学试卷设计了与生活紧密相关的试题，分别从合成纤维（全国Ⅰ卷）、健康化学（全国Ⅱ卷）、环境化学与环境保护（全国Ⅲ卷）、各种水处理技术方法（天津卷）、碘伏类缓释消毒剂（北京卷）等方面设计题目来考核知识点，让考生了解化学在生活中的应用，使考生正确认识化学的价值和功能。试题选材通过废弃物品的综合利用，展现化学变废为宝的神奇魅力；通过实验过程注重尾气吸收，树立绿色化学和环保理念。

由上文可知，2017年的高考全国Ⅰ卷化学试题对核心素养进行了相应的考查。

2018年6月8日高考结束当天，教育部考试中心推出《2018年高考各科试题评析》。文章对2018年高考试题的主要特点是这样评述的：2018年高考各科试题，很好地体现了"立德树人、服务选才、引导教学"的核心功能，特别突出了"立德树人"和"素质教育"。全文共有25000余字，其中使用较频繁的词语有素质教育（出现34次）、关键能力（出现34次）、立德树人（出现20次）、学科素养（出现15次）、内容改革（出现15次）、主干内容（出现15次）、必备知识（出现11次）、核心价值（出现9次）、引导教学（出现7次）。对化学学科的描述是贯彻改革要求，推动素质教育。一是展现成果，突出贡献，发挥了学科的育人功能；二是试题体现了真实情境，以实际应用为导向，聚焦学科核心素养；三是形式多样，数据翔实，测评学科关键能力；四是依据大纲，回归教材，考查化学学科必备知识。由分析可知，全国卷高考命题突出的规律有如下三点：一、强调知识体系构建的过程，着力考查考生独立分析、解决问题的思维过程；二、突出重要概念、原理的深度理解、准确阐释和灵活运用；三、注重学科思想和方法，体现了对学科专业水平和一定学术高度的考查。这充分体现了新课标的要求。

教育部考试中心单旭峰连续几年在学科期刊上发表文章评析全国高考试题，由2012年"立足基础，突出能力，关注应用，实施探究"，到2013年"注重知识与能力，突出过程与应用，加强综合探究"，到2014年"加强试题创新设计，突出应用能力考查"，到2015年"贯彻改革理念突出能力考查"，到

2016 年"深化改革，平稳过渡"，再到 2017 年"在继承的基础上探索创新"，我们可以得到关键词：基础、能力、探究、应用、改革、创新。通过阅读文章我们明晰全国高考化学卷的命题方向。

二、还原命题细目表　把握高考命题规律

研究和把握高考命题规律的有效途径是还原命题细目表。高考化学试题基于对知识点和考查的需要，创设真实的试题情境，逐层递进地设置有价值的实际问题。"真实情境"服务于"实际问题"的提出，"化学知识"服务于"实际问题"的解决，考查学生在解决"实际问题"过程中的理解能力、推理论证能力、实验探究能力和综合分析能力，实现对化学学科核心素养的测试。因此，对考题的研究，要学会观察其测量目标。不能仅仅看到测量目标中的知识目标，还应看到素养目标。了解试题的素养目标、能力目标和认知目标，可以帮助我们确定这些试题是否适合我们的学生来做，学生发展素养是否需要做类似的大量试题等。黄都和罗焕林以 2018 年全国 Ⅱ 卷为例，分析试题对各个核心素养的考查情况如表 2-1-1 所示，表中数据对我们实施"素养为本"的试题命题有重要启示。

表 2-1-1　化学学科核心素养考查内容分类表

素养名称	分值	分值比例（近似值）
变化观念与平衡思想	30	26.09%
常见有机物化学性质推测	6	5.22%
电解生产化合物的分析与辨识	5	4.35%
反应速率调控技术	1.5	1.30%
根据转化率图线计算速率、平衡常数	8	6.96%
焓变值计算	2	1.74%
陌生化学方程式的书写	2	1.74%

疫苗的化学构成、性质及保存方法	1.5	1.30%
有机反应方程式	2	1.74%
有机反应类型	2	1.74%
宏观辨识与微观探析	14	12.17%
官能团辨识	2	1.74%
化学物质名称读写	1	0.87%
泡沫灭火器原理与适用范围	1.5	1.30%
焰色反应	1.5	1.30%
有机物命名	2	1.74%
原子结构与性质	6	5.22%
科学态度与社会责任	6	5.22%
产物纯度视角中的蒸馏操作	1.5	1.30%
一定物质的量浓度溶液的配制	3	2.61%
油性漆与水性漆	1.5	1.30%
科学探究与创新意识	23.5	20.43%
比较无机合成方法的优缺点	2	1.74%
滴定终点颜色判断及数据处理	4	3.48%
滴定终点指示剂选择策略	1.5	1.30%
化学平衡调控技术	3	2.61%
实验设计	7	6.09%
无机合成工艺流程分析与设计	6	5.22%
证据推理与模型认知	41.5	36.09%
滴定曲线解析	6	5.22%
电热水器中的金属防腐	1.5	1.30%
多原子阴离子的空间构型	2	1.74%

续 表

化学键类型与物质分类、物质性质	3	2.61%
金属晶体堆积模型解析	4	3.48%
可充电电池的化学原理	6	5.22%
特定条件下的同分异构体推写	3	2.61%
微粒中的电子数比较	1.5	1.30%
微粒中的化学键数比较	1.5	1.30%
微粒中的质子数比较	1.5	1.30%
微粒中的中子数比较	1.5	1.30%
由化学式及相关信息推断结构简式	2	1.74%
有机反应产物推断	2	1.74%
元素推断及相关性质比较	6	5.22%

第二节　应用大数据的思想方法研究高考试题

　　大量高考试题的集合是对《高考考纲》要求最直接和最完善的承载体。高考试题可以反映高考命题专家对高考内容和目标的掌控，并通过试卷的考型和考法外显出来我们对高考试题进行研究，挖掘这些试题承载的信息可以达到把控教材的目的。例如，通过统计考试中出现的知识内容，确定考试的知识范围，得出"考什么"的结论；通过试题的呈现形式和解题方法，确定考试所体现的能力要求，得出"怎么考"的结论；通过统计相似信息的频度，确定考试出现的热度，即所谓的"主干知识和重要内容"；随着时间的推移在高考试题中不再出现的考法和题型，直接将其划归为"繁、难、偏、怪、旧"的试题。

　　以高考试题为数据（信息）源，通过对数据信息的分析和挖掘，探究高

考命题中的规律，从而明确高考所需的知识与能力，为命制高三化学复习的训练题、模块测试题等提供方向。

一、近五年全国Ⅰ卷选择题考点对比分析

表 2-2-1　全国Ⅰ卷选择题考点分析

题号 \ 年份 考查内容	2018 年全国Ⅰ卷	2017 年全国Ⅰ卷	2016 年全国Ⅰ卷	2015 年全国Ⅰ卷	2014 年全国Ⅰ卷
7	废旧磷酸亚铁锂电池正极片的回收，工业流程，无机物之间的转化	化学与生活：天然纤维、合成纤维	化学与生活（蛋白质与油脂）	联系医学史料（化合物性质）、化学与生活	有机化合物同分异构体（戊烷、戊醇、戊烯、乙酸乙酯）
8	生活中的化学：糖类、油脂、蛋白质	提纯操作：蒸馏、升华、干馏、萃取	阿伏加德罗常数	阿伏加德罗常数	化学与生活（碳酸钠去污、漂白粉变质、氧化还原）
9	生成和纯化乙酸乙酯的过程中的操作，实验图的观察	苯的同分异构体、二氯代物异构体、化学性质、空间构型	有机化合物（同分异构、命名、反应类型）	守恒思想	反应速率的影响因素、活化能、反应热
10	N_A 的计算：胶体的微粒数和形成胶体的分子数，质子数、羟基数、分子数的计算	H_2 还原 WO_3 制备金属 W 的装置、试剂选择、基本操作和启普发生器适用范围	物质的分离、提纯气体、气体的制备、溶液的配制	实验和元素及其化合物的性质、沉淀转化	元素周期表、元素周期律

续 表

11	简单有机物的性质和同分异构体、空间构型	外加电流的金属防腐	电化学：三室式电渗析法	电化学（原电池原理的具体应用）	沉淀溶解平衡（沉淀溶解平衡、K_{sp}的计算）
12	元素周期表与元素周期律（用外层电子、周期数和族数推元素）	元素周期表、元素周期律与元素单质或化合物性质	电解质溶液：强酸与弱碱的滴定过程分析	物质结构、元素周期律	实验操作（考查基本实验操作）
13	电化学：电极分别为ZnO@石墨烯（石墨烯包裹的ZnO）和石墨烯，CO_2和H_2S协同转化装置	己二酸滴定曲线：离子浓度分析	元素周期表、元素周期律与元素单质和化合物性质	电解质溶液（溶液稀释）	元素化合物的性质

　　从表2-2-1可知，选择题命题趋势基本稳定，考查点的重现率极高。常考点如下：化学与生活、有机化合物基础知识、物质结构与元素周期律、化学实验、电化学原理。轮考点如下：水溶液的离子平衡、阿伏加德罗常数、元素化合物性质推断、盖斯定律和反应热、化学反应速率与平衡、离子反应和微粒共存。

二、近三年全国Ⅰ卷非选择题考点对比分析

（一）2016年、2017年、2018年实验题对比分析

表2-2-2

	2018年全国Ⅰ卷 26题	2017年全国Ⅰ卷 26题	2016年全国Ⅰ卷 26题
载体	制取醋酸亚铬	测定蛋白质的氮含量	NH_3制取及其与NO_2反应探究
作答量	8个空（填空3个、简答4个、写化学方程式1个）	9个空（填空2个、简答4个、写化学方程式1个、计算2个）	7个空（填空3个、简答2个、写化学方程式2个）
涉及知识点	仪器的名称、倒吸的原因、写离子方程式、析出沉淀的操作、装置的评价	仪器的名称、作用，碎瓷片的作用，倒吸、液封、双层玻璃瓶的作用，写离子方程式，计算含氮量和纯度	选取制氨装置、写化学方程式、干燥并收集氨气装置的连接顺序、NH_3与NO_2反应现象及原因

从表2-2-2分析可知，近三年的实验题素材都针对仪器名称及作用、操作方法、某操作原因或目的、写化学方程式等内容进行考查。但实验题类型有变化，围绕实验目的的简述题较多，引导学生学会分析不同类型实验设计的考查侧重点是关键。

（二）2016 年、2017 年、2018 年无机工业流程题对比分析

表2-2-3

	2018 年全国 I 卷 27 题	2017 年全国 I 卷 27 题	2016 年全国 I 卷 28 题
载体	制备焦亚硫酸钠工艺流程	用 $FeTiO_3$ 制 $Li_4Ti_5O_{12}$ 和 $LiFePO_4$ 流程	工业制取 $NaClO_2$ 流程
作答量	7 个空（写化学方程式 1 个、写电极反应式 1 个、写离子方程式 1 个、填空 2 个、简答 1 个、计算 1 个）	6 个空（填空 2 个、写化学方程式 1 个，写离子方程式 1 个、计算 1 个、简答 1 个）	8 个空（填空 5 个，写化学方程式 1 个、计算 2 个）
涉及知识点	写离子方程式、化学方程式、电极方程式，操作目的分析，多室电解变化分析及 $Na_2S_2O_5$ 的残留量滴定计算	由曲线分析实验条件、写离子方程式、由数据分析转化率最高的原因、过氧键的数目、溶度积规则的计算、写化学方程式	亚氯酸钠中氯的化合价，写生成 ClO_2 的化学方程式，除钙、镁离子应加入的试剂，阴极电解产物，碱吸收尾气的氧化剂与还原剂之比，氧化产物，计算有效氯含量

从表 2-2-3 分析可知，工业流程图题，综合性强，可考查范围广泛，运用知识和技能解决实际问题的能力要求较高，已经成为近几年高考必考题中一个固定题型。

（三）2016 年、2017 年、2018 年反应原理题对比分析

表 2-2-4

	2018 年全国 I 卷 28 题	2017 年全国 I 卷 28 题	2016 年全国 I 卷 27 题
载体	N_2O_5 的分解平衡	H_2S 气体的相关性质	铬元素在溶液中存在形式
作答量	8 个空（计算 4 个、填空 3 个、简答 1 个）	9 个空（选择 2 个、填空 2 个、写化学方程式 2 个、计算 3 个）	8 个空（简答 1 个、填空 2 个、写化学方程式 1 个、写离子方程式 1 个、计算 3 个）
涉及知识点	氧化产物的判断、ΔH 的计算、分压表示反应速率的计算、K_P 的计算、温度对压强的影响和原因、反应历程、碰撞理论	比较 H_2S，H_2SO_3 酸性强弱、盖斯定律、耗能比较、计算平衡转化率和平衡常数、平衡转化率的比较	Cr^{3+} 溶液中滴入 OH^- 过量的现象、浓度曲线判断 Na_2CrO_4 转化的离子方程式、平衡转化率、平衡常数、ΔH 的计算、溶度积应用、化学方程式

从表 2-2-4 分析可知，反应原理题的常考点如下：盖斯定律与热化学方程式、酸性强弱或速率变化原因及采取措施、计算平衡转化率和平衡常数、分压表示平衡常数、平衡移动分析或离子浓度计算。纯理论性的不同平衡比较等考查在弱化，解决生产生活实际的应用型问题在增多。

（四）2016 年、2017 年、2018 年有机题（选做）对比分析

表2-2-5

	2018 年全国 I 卷 36 题（选做）	2017 年全国 I 卷 36 题（选做）	2016 年全国 I 卷 38 题（选做）
载体	高分子膨胀剂合成路线	苯甲醛合成多环芳香酯	多糖合成聚酯类高分子化合物
信息	A~W 的合成流程，丙二酸酯化反应	烯、炔成环	
作答量	7 个空（填空 5 个、写同分异构体的结构简式 1 个、写合成路线 1 个）	7 个空（填空 3 个、写结构简式 2 个、写化学方程式 1 个、写合成路线 1 个）	9 个空（选择 1 个、填空 5 个、写结构简式 1 个、写化学方程式 1 个、写合成路线 1 个）
涉及知识点	命名、判断反应类型、推结构简式、写同分异构体、写合成线路	推苯甲醛、判断反应类型、推结构简式、写成环化学方程式、写同分异构体、写合成线路	有机物的相关概念，反应类型，官能团名称，反应类型，物质名称，写化学方程式，写同分异构体，合成线路

从表 2-2-5 分析可知，有机题的考点如下：推物质名称、化学式或结构简式，反应类型，写化学方程式，推同分异构体数目或结构简式，合成路线。

（五）2016年、2017年、2018年结构题（选做）对比分析

表2-2-6

	2018年全国Ⅰ卷35（选做）	2017年全国Ⅰ卷35题（选做）	2016年全国Ⅰ卷37题（选做）
载体	金属锂及其化合物	钾和碘的相关化合物	锗及其化合物
作答量	10个空（填空5个、简答1个、计算4个）	10个空（填空7个、简答1个、计算2个）	9个空（填空6个、简答2个、计算1个）
涉及知识点	锂电子排布图的能量、离子的大小比较、杂化轨道、空间构型、共价键类型、第一电离能、键能、晶格能、密度计算	紫色光波长、能层的符号、电子云形状、熔沸点比较、离子的几何构型、杂化类型、晶胞结构的原子位置关系	核外电子排布式、未成对电子数、电负性比较、杂化方式、微粒间作用力、原子的坐标参数、熔点和沸点变化规律及原因、密度计算

从表2-2-6分析可知，结构题的常见知识点如下：电子排布式、原子的第一电离能、电负性大小的比较、半径的比较、化学键类型、氢键、分子的空间构型、原子的杂化、配位化合物、熔沸点高低的判断与解释、晶胞结构中原子位置关系、晶胞化学式的计算、密度的计算。2018年结构题设计的问题，角度新颖，但知识又非常基础，重点考查的是能级、能量、晶格能、键能的计算。关于离子半径大小的比较的题，是意料之外，又在情理之中。虽然整体难度不大，但不是学生常练的知识点，得分会偏低。

选修3《物质结构与性质》由于多年不考，对结构的教法、学法、考法研究不成系统，教师不够熟悉，要加强研究。选修3《物质结构与性质》的"利"与"弊"分析有如下六个方面：（1）选修内容是必修内容的深化与细化，有助于学生深刻理解元素周期律、化学键、物质性质等具体内容。（2）知识点少且发散性较弱，考点集中，便于集中攻克，复习耗时短。（3）不少知识点之间相对独立，一般总能得一部分的分。（4）内容抽象、术语陌生，入门门槛较高。（5）内容相对较新，教法、学法、考法研究不系统，少数教师还不能

很好地驾驭。（6）空间想象力及计算能力较弱的考生，晶胞及计算难得分。

由试题特点的分析可知，高考试题是学习内容和《考试大纲》的统一，2018年《考试大纲》与2017年的无明显变化。这是因为2017年《考试大纲》相对于2016年已经进行较大幅度的调整，2018年大纲保持稳定在情理之中。2018年高考化学学科的命题仍然保持相对稳定，在新一轮高考改革到来之前，将以平稳过渡方式进入新改革。

三、大数据挖掘高考化学信息的方法和信息利用

运用大数据思想对高考试题进行研究，不是进行简单的分类统计，而是强调对数据进行"挖掘"和"加工"，以实现数据的"增值"。现借用"百度觅题英语"为例，简要说明大数据对英语高考词汇的挖掘和应用。高考英语大纲词汇要求考生掌握的词汇量约3500个，这无疑是每名高三学生要攻克的英语难关。这些词汇是不是考生都要均等用力或者一个不漏地全部掌握呢？高考大数据通过对全国历年高考真题的数据分析，并与《考试大纲》词汇进行对比，发现高考英语占卷面80%的核心高频词约500个，另有普通量级的课本单词3753个。这个结论能有效地指导考生对英语单词的学习和记忆，毫无疑问这500个核心高频单词必须全部记忆、熟练掌握，因为它们是考试的重点。根据词汇的重要程度和考试中出现的频度为序来掌握词汇，也就是用大数据思想抓考试重点的学习策略。用大数据研究高考化学的方法与此相似，不同的是，所需挖掘的不是词汇，而是高考化学试题中的考点和考型等信息，通过统计数据信息的频度，确定其在高考考试中的重要程度，为研究高考或预测高考考试方向提供决策性依据。

高考化学试题中的考点和考型等信息，通过统计数据信息的频度，确定其在高考考试中的重要程度，为研究高考或预测高考考试方向提供决策性依据。将高考试题进行"拆分、重整、建模"来实现对高考化学信息的挖掘。

高考化学试题多以拼盘的综合性试题为主，有其学科自身的特点，通过研究和实践，利用比较容易掌握的挖掘数据、加工数据、解释数据的三步分析法，即"一拆分、二重整、三建模"来实现大数据对高考化学信息的挖掘。

第 1 步：拆分——挖掘数据

拆分高考化学试题不同于传统的对试题进行分类，它是对高考试题进行更深层次的探究。选择题细致到选择项，填空题细致到每一个填空甚至一个关键的表达叙述等。根据它们知识点、考型或考法的不同，从原试题中将它们拆分出来，形成一个个单一的数据信息，并对这些数据信息源分别进行记录和整理。例如：对 2018 年全国 I 卷 27 题进行拆分，见表 2-2-7。

表 2-2-7　2018 年全国 I 卷 27 题拆分表

拆分出的信息源	高考试题
1. 陌生化学方程式的书写：根据原子守恒法	生产 $Na_2S_2O_5$，通常是由 $NaHSO_3$ 过饱和溶液经结晶脱水制得。写出该过程的化学方程式＿＿＿＿＿＿＿＿＿＿。
2. 化学生产流程图：考查获取信息的能力	利用烟道气中的 SO_2 生产 $Na_2S_2O_5$ 的工艺为： Na_2CO_3饱和溶液 → I (pH=4.1) → II (pH=7～8) → III (pH=4.1) → 结晶脱水 → $Na_2S_2O_5$（加入 SO_2、Na_2CO_3固体、SO_2） ① pH=4.1 时，I 中为＿＿＿＿＿溶液（写化学式）。 ② 工艺中加入 Na_2CO_3 固体、并再次充入 SO_2 的目的是＿＿＿＿＿。
3. 电化学原理：电解原理、交换膜的作用、离子的移动方向分析电极反应、亚硫酸氢钠浓度的变化	制备 $Na_2S_2O_5$ 也可采用三室膜电解技术，装置如图所示，其中 SO_2 碱吸收液中含有 $NaHSO_3$ 和 Na_2SO_3。阳极的电极反应式为＿＿＿＿＿＿＿＿。电解后，＿＿＿＿＿室的 $NaHSO_3$ 浓度增加。将该室溶液进行结晶脱水，可得到 $Na_2S_2O_5$。 阳离子交换膜　a 室　b 室 稀 H_2SO_4　SO_2 碱吸收液

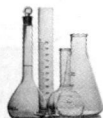

续 表

4.定量分析：滴定的有关计算	$Na_2S_2O_5$ 可用作食品的抗氧化剂。在测定某葡萄酒中 $Na_2S_2O_5$ 残留量时，取 50.00 mL 葡萄酒样品，用 0.01000 mol·L^{-1} 的碘标准液滴定至终点，消耗 10.00 mL。滴定反应的离子方程式为 _____，该样品中 $Na_2S_2O_5$ 的残留量为 _____ g·L^{-1}（以 SO_2 计）。

对试题拆分要注意以下三点：

（1）拆分的目的是挖掘考题中真实有效的信息。

（2）拆分应尽可能地对问题细化和纯化，形成单一的问题信息。

（3）由于拆分改变了原题的综合性和完整性等，常常需要对条件进行必要的补充，以形成一个完整的问题。

探求高考化学中的数据价值，不但取决于通过拆分达到量变到质变的效果，而且还取决于拆分时对问题的精准把握，这才能真正触发大数据思维带来的价值增长。

第 2 步：重整——加工数据

加工数据体现在对拆分后的试题信息进行归并重组上，将相同的知识点或解法技巧相近的拆分试题进行归类重组，形成重整试题。

例如，下列重整试题"中和反应中：$pH_1 + pH_2 = 14$ 的两种溶液，等体积混合模式中溶液酸碱性判断"，从 2010 年~2015 年高考化学考试中共考过 7 次，其中，上海和四川各考过两次，见表 2-2-8。

表2-2-8

2010年~2015年高考化学重整试题频度表					
年份	2010	2011	2012	2014	2015
频度	1	2	2	1	1
考试省市	上海	天津	广东	四川	江苏
		上海	四川		

高考重组试题（2010 年~2015 年）

1. 判断下列正误。

A.（2010 年上海）pH=2 的一元酸和 pH=12 的一元强碱等体积混合：$c(OH^-)= c(H^+)$

B.（2011 年天津）100 ℃时，将 pH=2 的盐酸与 pH=12 的 NaOH 溶液等体积混合，溶液显中性

C.（2012 年广东）对于常温下 pH 为 2 的盐酸与等体积 pH=12 的氨水混合后所得溶液显酸性

D.（2012 年四川）pH=11 的氨水与 pH=3 的盐酸等体积混合：$c(Cl^-)=c(NH_4^+)>c(OH^-)=c(H^+)$

E.（2014 年四川）室温下，pH=2 的盐酸与 pH=12 的氨水等体积混合，所得溶液中：$c(Cl^-)+c(H^+)>c(NH_4^+)>c(OH^-)$

F.（2015 年江苏）室温下，pH=3 的 CH_3COOH 溶液与 pH=11 的 NaOH 溶液等体积混合，溶液 pH>7

2.（2011 年上海）常温下，用 pH 为 3 的某酸溶液分别与 pH 都为 11 的氨水、氢氧化钠溶液等体积混合得到 a，b 两种溶液，关于这两种溶液酸碱性的描述正确的是（　）。

A. b 不可能显碱性　　　　　　B. a 可能显酸性或碱性

C. a 不可能显酸性　　　　　　D. b 可能显碱性或酸性

高考重整试题有下列特点：

（1）每一道重整试题，知识单一度高，考查知识要点明晰。重整试题的频度直观反映它在考试中的考查热度，从而实现对"重点知识的考查"，从定性分析走向定量描述。

（2）考查思维能力外显，解法特征突出，能把"以能力测试为主"的考试要求，清楚地表现为通过考型和解题方法来测试能力。

（3）用动态的方式分析不同年份的重整试题，有利于预测考试的动向，一方面可以洞察考试新的增长点，另一方面能够用"数据折旧"的方法，淘

汰陈旧和不再考查的知识点和题型。

第 3 步：建模——解释数据

高考对能力的考查是通过考查有效的解题能力来体现的。我们对重要的重整试题进行认真研究，建构试题模型，探究有序的解题策略，能够找到能力培养的有效途径。

例如：对上例中"$pH_1 + pH_2 = 14$ 的两种溶液，等体积混合"进行建模分析：

在 25 ℃，当 pH（酸）+pH（碱）=14 时，表示两种溶液中：$c_{酸电离}(H^+)=c_{碱电离}(OH^-)$。对一元酸碱等体积混合时，溶液pH的分析见表2-2-9。

表2-2-9

酸碱的强弱性质	酸碱的浓度比较	反应后溶液的性质
强酸与强碱反应	$c($酸$)=c($碱$)$	中性
强酸与弱碱反应	强者稀、弱者浓	碱过量，显碱性
弱酸与强碱反应		酸过量，显酸性

对表 2-2-9 结果归纳为 $pH_1+pH_2=14$ 的两种溶液，等体积混合，则"谁弱谁过量，谁过量显谁性"。当两种溶液为多元酸碱时，同样适合。

应用时要注意区分前提，不能与"一元酸碱等体积、等浓度混合"的情况混淆。

题型建模能为教学策略提供增值服务：

（1）以模型试题的解法为示范，能够有序地整理各类重要考型的解题思路，易于学生掌握有序的解题策略。

（2）学生能够通过对应重整试题的过手训练，举一反三，达到及时提升学习能力的目的。

（3）与时俱进，新建模型试题，研究其解题思想和解题方法，以适应不断发展变化的高考，这样才能走在高考研究的前列。

第三节　高考试题与教材相关性研究

一、试题与教材素材相关性研究

高考化学试题坚持"依纲不离本"的原则，很多高考题素材都来源于挖掘教材中的情景素材。例如，2016 年全国 I 卷，就有似曾相识的感觉。这是因为考查的知识点，几乎都源于教材。如第 8 题中涉及乙烯和丙烯的组成、合成氨反应的可逆性、铁与硝酸的反应、CCl_4 有机溶剂的状态等，都是学生比较熟悉的基础知识。第 10 题涉及的四个实验操作，都是源于教材的基本操作，平时复习时训练过多次。第 11 题，看上去有点麻烦且复杂的电解池工作原理与应用问题，但实际上是教材中离子交换膜电解食盐水的变式。对比联想，就不难看出试题本质是电解水，通过图示装置中的两个膜的选择性作用，利用阴阳极的电极反应，可以得到化工产品 NaOH 和 H_2SO_4，消除环境污染，变废为宝。源于教材，不拘泥于教材，挖掘教材情景的命题，贴近中学教学实践，使考生备感亲切，体现了试题的亲和性。

不少教材正文、科学视野、资料卡片、思考与交流、简介性和科普性段落、课后习题、注释等都可以设置成情景或已经设置成情景进入高考试题，使高考试题起到了正本溯源的作用。因此，我们要做好试题与教材相关性的研究。

表 2-3-1　2017 年高考试题与教材相关性研究

时间	教材内容、情景	高考题	题型	出处
2017 年高考题	1. 近期发现，H_2S 是继 NO，CO 之后的第三个生命体系气体信号分子	2017 年全国 I 卷 28 题	反应原理	必修 1
	2. 水泥是重要的建筑材料。水泥熟料的主要成分为 CaO，SiO_2，并含有一定量的铁、铝和镁等金属的氧化物	2017 年全国 II 卷 26 题	流程题	必修 1

续 表

2017年高考题	3.绿矾是含有一定量结晶水的硫酸亚铁，在工农业生产中具有重要的用途	2017年全国Ⅲ卷26题	实验题	必修1
	4.重铬酸钾是一种重要的化工原料	2017年全国Ⅲ卷27题	流程题	必修1
	5.$TiCl_4$是由钛精矿（主要成分为TiO_2)制备钛(Ti)的重要中间产物，制备纯$TiCl_4$的流程示意图如下（略）	2017年北京26题	流程题	必修1
	6.某小组在验证反应"$Fe+2Ag^+$=$Fe^{2+}+2Ag$"的实验中检测到Fe^{3+}	2017年北京28题	流程题	必修1
	7.H_2S和SO_2会对环境和人体健康带来极大的危害，工业上采取多种方法减少这些有害气体的排放	2017年天津10题	反应原理	必修1
	8.铝是应用广泛的金属。以铝土矿（主要成分为Al_2O_3，含SiO_2和Fe_2O_3等杂质）为原料制备铝的一种工艺流程如下（略）	2017年江苏16题	流程题	必修1

表 2-3-2　2016 年高考试题与教材相关性研究

时间	教材内容、情景	高考题	题型	出处
2016年高考题	1.氮的氧化物（NO_x）是大气污染物之一，工业上在一定温度和催化剂条件下用NH_3将NO_x还原生成N_2，某同学在实验室中对NH_3与NO_x反应进行了探究	2016年全国Ⅰ卷26题	实验题	必修1
	2.元素铬（Cr）在溶液中主要以Cr^{3+}（蓝紫色）、$Cr(OH)_4^-$（绿色）、$Cr_2O_7^{2-}$（橙红色）、CrO_4^{2-}（黄色）等形式存在，$Cr(OH)_3$为难溶于水的灰蓝色固体	2016年全国Ⅰ卷27题	反应原理	选修4
	3.某班同学用如下实验探究Fe^{2+}，Fe^{3+}的性质	2016年全国Ⅱ卷28题	实验题	必修1

续 表

2016 年高 考题	4. 煤燃烧排放的烟气含有 SO_2 和 NO_x，形成酸雨、污染大气，采用 $NaClO_2$ 溶液作为吸收剂可同时对烟气进行脱硫、脱硝	2016 年全国Ⅲ卷 27 题	反应原理	必修 1
	5. 用零价铁（Fe）去除水体中的硝酸盐（NO_3^-）已成为环境修复研究的热点之一	2016 年北京 26 题	实验题	必修 1
	6. 以废旧铅酸电池中的含铅废料（Pb，PbO，PbO_2，$PbSO_4$ 及炭黑等）和 H_2SO_4 为原料，制备高纯 PbO，实现铅的再生利用	2016 年北京 27 题	流程题	选修 4
	7. 以 Na_2SO_3 溶液和不同金属的硫酸盐溶液作为实验对象，探究盐的性质和盐溶液间反应的多样性	2016 年北京 28 题	实验题	必修 1
	8. 为落实"五水共治"，某工厂拟综合处理含 NH_4^+ 废水和工业废气（主要含 N_2，CO_2，SO_2，NO，CO，不考虑其他成分），设计了如下流程(略)	2016 年浙江 13 题	流程题	必修 1
	9. 资源的高效利用对保护环境、促进经济持续健康发展具有重要作用。磷尾矿主要含 $Ca_5(PO_4)_3F$ 和 $CaCO_3 \cdot MgCO_3$	2016 年四川 11 题	流程题	选修 4
	10. $KAl(SO_4)_2 \cdot 12H_2O$（明矾）是一种复盐，在造纸等方面应用广泛	2016 年海南 14 题	流程题	必修 1
	11. 某废催化剂含 58.2% 的 SiO_2、21.0% 的 ZnO、4.5% 的 ZnS 和 12.8% 的 CuS	2016 年海南 17 题	流程题	必修 1
	12. 以电石渣［主要成分为 $Ca(OH)_2$ 和 $CaCO_3$］为原料制备 $KClO_3$ 的流程如下（略）	2016 年江苏 16 题	流程题	选修 5

表 2-3-3　2015 年高考试题与教材相关性研究

时间	教材内容、情景	高考题	题型	出处
2015年高考题	1. 草酸（乙二酸）存在于自然界的植物中，其 $K_1=5.4 \times 10^{-2}$，$K_2=5.4 \times 10^{-5}$	2015 年全国 I 卷 26 题	实验题	选修 5
	2. 碘及其化合物在合成杀菌剂、药物等方面具有广泛用途	2015 年全国 I 卷 28 题	反应原理	必修 1
	3. 二氧化氯（ClO_2，黄绿色易溶于水的气体）是高效、低毒的消毒剂	2015 年全国 II 卷 28 题	流程题	必修 1
	4. 为探讨化学平衡移动原理与氧化还原反应规律的联系，某同学通过改变浓度研究 "$2Fe^{3+}+2I^- \rightleftharpoons 2Fe^{2+}+I_2$"	2015 年北京 28 题	实验题	必修 1
	5. 工业上利用氨氧化获得的高浓度 NO_x 气体（含 NO，NO_2）制备 $NaNO_2$，$NaNO_3$	2015 年山东 32 题	流程题	必修 1
	6. 某学习小组按如下实验流程探究海带中碘含量的测定和碘的制取	2015 年浙江 29 题	实验题	必修 1
	7. 研究硫元素及其化合物的性质具有重要意义	2015 年福建 23 题	反应原理	必修 1
	8. 无水氯化铝在生产、生活中应用广泛	2015 年福建 24 题	流程题	必修 1
	9. 某化学兴趣小组制取氯酸钾和氯水并进行有关探究实验	2015 年福建 25 题	实验题	必修 1
	10. 废旧印刷电路板是一种电子废弃物，其中铜的含量达到矿石中的几十倍	2015 年天津 09 题	流程题	必修 1
	11. $FeCl_3$ 具有净水作用，但腐蚀设备，而聚合氯化铁是一种新型的絮凝剂，处理污水比 $FeCl_3$ 高效，且腐蚀性小	2015 年天津 10 题	反应原理	必修 1
	12. ClO_2 与 Cl_2 的氧化性相近。在自来水消毒和果蔬保鲜等方面应用广泛	2015 年重庆 09 题	实验题	必修 1
	13. $(NH_4)_2SO_4$ 是常见的化肥和化工原料，受热易分解	2015 年四川 09 题	实验题	必修 1

续　表

时间	教材内容、情景	高考题	题型	出处
2015年高考题	14. 为了保护环境，充分利用资源，某研究小组通过如下简化流程，将工业制硫酸的硫铁矿烧渣（铁主要以 Fe_2O_3 存在）转变成重要的化工原料 $FeSO_4$（反应条件略）	2015年四川11题	流程题	必修1
	15. NH_3 及其盐都是重要的化工原料	2015年广东33题	实验题	必修1
	16. 氨是合成硝酸、铵盐和氮肥的基本原料	2015年海南16题	反应原理	必修1
	17. 烟气（主要污染物 SO_2，NO_x）经 O_3 预处理后用 $CaSO_3$ 水悬浮液吸收，可减少烟气中 SO_2，NO_x 的含量	2015年江苏20题	反应原理	必修1

表 2-3-4　2014年高考试题与教材相关性研究

时间	教材内容、情景	高考题	题型	出处
2014年高考题	1. 乙醇是重要的有机化工原料，可由乙烯直接水合法或间接水合法生产	2014年全国Ⅰ卷28题	反应原理	选修4
	2. 在容积为 1.00 L 的容器中，通入一定量的 N_2O_4，发生反应 $N_2O_4（g）\rightleftharpoons 2NO_2（g）$，随温度升高，混合气体的颜色变深	2014年全国Ⅱ卷26题	反应原理	选修4
	3. 铅及其化合物可用于蓄电池	2014年全国Ⅱ卷27题	元素化合物	必修1 选修4
	4. NH_3 经一系列反应可以得到 HNO_3	2014年北京26题	氧化还原反应和反应原理	必修1 选修4
	5. 碳、硫的含量影响钢铁性能。碳、硫含量的一种测定方法是将钢样中碳、硫转化为气体，再用测碳、测硫装置进行测定	2014年北京27题	元素化合物	必修1

续 表

2014年高考题	6.用$FeCl_3$酸性溶液脱除H_2S后的废液	2014年北京28题	氧化还原反应	必修1
	7.煤炭燃烧过程中会释放出大量的SO_2，严重破坏生态环境。	2014年浙江27题	反应原理	选修4
	8.铁及其化合物与生产、生活关系密切	2014年福建24题	流程题	必修1 选修4
	9.某研究小组为探究弱酸性条件下铁发生电化学腐蚀类型的影响因素，将混合均匀的新制铁粉和碳粉置于锥形瓶底部	2014年安徽28题	实验题	必修1
	10.元素单质及其化合物有广泛用途，请根据周期表中第三周期元素相关知识回答下列问题：	2014年天津07题	反应原理	选修4
	11.H_2O_2是一种绿色氧化还原试剂	2014年广东33题	实验题	选修4
	12.卤代烃在生产生活中具有广泛的应用	2014年海南15题	流程题	选修4 选修5
	13.硫化氢的转化是资源利用和环境保护的重要研究课题	2014年江苏19题	综合题	必修2 必修1 选修4

二、以人教版教材为素材的命题案例研究

试题命制首先确定要考查的能力，其次以实际问题为素材确定考查的主干知识体系，再在此基础上选取真实试题情景，设置设问方式。设问要体现学生认识、分析和解决实际问题的思维过程、态度、观点和方法，关注对学生综合科学素养的考查。以教材为素材的命题具体取材方向如下：课本正文；课本插图；课后练习；科学探究；教材实验；科学视野；科学史话。我们分别针对化学实验与基本概念及元素化合物知识考点，对试题进行研究，有利于教师在教学时有目的、有针对性地选题或改编试题。

（一）化学实验与基本概念及元素化合物

案例1.（2016年全国Ⅰ卷10题）选项A来自教材必修1–P9以及必修2–P76，选项B来自必修1–P96

下列实验操作能达到实验目的的是（　　）

A. 用长颈漏斗分离出乙酸与乙醇反应的产物

B. 用向上排空气法收集铜粉与稀硝酸反应产生的NO

C. 配制氯化铁溶液时，将氯化铁溶解在较浓的盐酸中再加水稀释

D. 将Cl_2与HCl混合气体通过饱和食盐水可得到纯净的Cl_2

【答案】C

案例2.（2017年全国Ⅰ卷11题）题干源自必修1–P49"资料卡片"

支撑海港码头基础的钢管桩，常用外加电流的阴极保护法进行防腐，工作原理如图所示，其中高硅铸铁为惰性辅助阳极。下列有关表述不正确的是（　　）

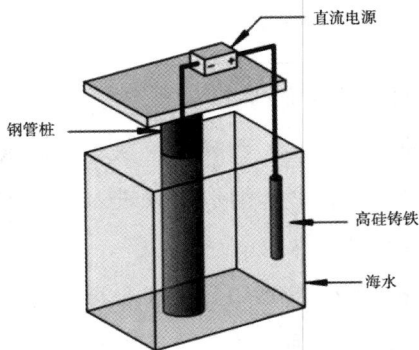

A. 通入保护电流使钢管桩表面腐蚀电流接近于零

B. 通电后外电路电子被强制从高硅铸铁流向钢管桩

C. 高硅铸铁的作用是作为损耗阳极材料和传递电流

D. 通入的保护电流应该根据环境条件变化进行调整

【答案】C

案例 3.（2017 年全国 I 卷 26 题）第（2）题源自必修 1–P8 实验 1–3 的 "2"

凯氏定氮法是测定蛋白质中氮含量的经典方法，其原理是用浓硫酸在催化剂存在下将样品中有机氮转化成铵盐，利用如图所示装置处理铵盐，然后通过滴定测量。已知：

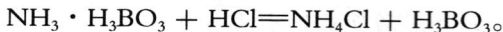

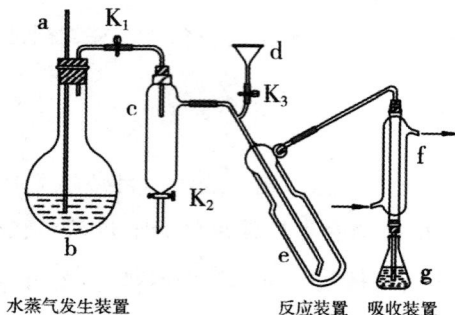

$NH_3 + H_3BO_3 \Longrightarrow NH_3 \cdot H_3BO_3$；

$NH_3 \cdot H_3BO_3 + HCl \Longrightarrow NH_4Cl + H_3BO_3$。

2017年全国 I 卷26题

回答下列问题：

（1）a 的作用是 ＿＿＿＿＿＿＿＿＿＿＿。

（2）b 中放入少量碎瓷片的目的是 ＿＿＿＿＿＿＿。f 的名称是 ＿＿＿＿＿。

（3）清洗仪器：g 中加蒸馏水；打开 K_1，关闭 K_2、K_3，加热 b，蒸汽充满管路；停止加热，关闭 K_1，g 中蒸馏水倒吸进入 c，原因是 ＿＿＿＿＿＿＿；打开 K_2 放掉水，重复操作 2～3 次。

（4）仪器清洗后，g 中加入硼酸 (H_3BO_3) 和指示剂，铵盐试样由 d 注入 e，随后注入氢氧化钠溶液，用蒸馏水冲洗 d，关闭 K_3，d 中保留少量水。打开 K_1，加热 b，使水蒸气进入 e。

① d 中保留少量水的目的是 ＿＿＿＿＿＿＿＿＿＿＿。

② e 中主要反应的离子方程式为 ＿＿＿＿＿＿＿，e 采用中空双层玻璃瓶的作用是 ＿＿＿＿＿。

(5) 取某甘氨酸 ($C_2H_5NO_2$) 样品 m 克进行测定，滴定 g 中吸收液时消耗浓度为 c mol·L^{-1} 的盐酸 V mL，则样品中氮的质量分数为 ＿＿＿＿% ，样品的纯度 ≤ ＿＿＿＿% 。

【答案】

（1）避免 b 中压强过大

（2）防止暴沸 直形冷凝管

（3）c 中温度下降，管路中形成负压

（4）①液封，防止氨气逸出

②$NH_4^+ + OH^- \rightleftharpoons NH_3\uparrow + H_2O$ 保温使氨完全蒸出

（5）$\dfrac{1.4\,cV}{m}$ $\dfrac{7.5\,cV}{m}$

案例 4.（2017 年全国Ⅲ卷 07 题）C 选项源自必修 1-P94"资料卡片"的（3）

化学与生活密切相关。下列说法错误的是（ ）

A. PM2.5 是指粒径不大于 $2.5\,\mu m$ 的可吸入悬浮颗粒物

B. 绿色化学要求从源头上消除或减少生产活动对环境的污染

C. 燃煤中加入 CaO 可以减少酸雨的形成及温室气体的排放

D. 天然气和液化石油气是我国目前推广使用的清洁燃料

【答案】C

案例 5.（2017 年全国Ⅲ卷 09 题）D 选项源自必修 1-P16"图 1-19"

下列实验操作规范且能达到目的的是（ ）

	目的	操作
A	取 20.00 mL 盐酸	在 50 mL 酸式滴定管中装入盐酸，调整初始读数为 30.00 mL 后，将剩余盐酸放入锥形瓶
B	清洗碘升华实验所用试管	先用酒精清洗，再用水清洗
C	测定醋酸钠溶液 pH	用玻璃棒蘸取溶液，点在湿润的 pH 试纸上
D	配制浓度为 0.010 $mol \cdot L^{-1}$ 的 $KMnO_4$ 溶液	称取 $KMnO_4$ 固体 0.158 g，放入 100 mL 容量瓶中，加水溶解并稀释至刻度

【答案】B

案例 6.（2016 年全国 I 卷 13 题）题干源自必修 1–P83 第 1 段，P84 第 2 段和第 3 段

短周期元素 W，X，Y，Z 的原子序数依次增加。m，p，r 是由这些元素组成的二元化合物，n 是元素 Z 的单质，通常为黄绿色气体，q 的水溶液具有漂白性，0.01 mol·L^{-1} r 溶液的 pH 为 2，s 通常是难溶于水的混合物。上述物质的转化关系如图所示。下列说法正确的是（　　　）

A. 原子半径的大小 W<X<Y

B. 元素的非金属性 Z>X>Y

C. Y 的氢化物常温常压下为液态

D. X 的最高价氧化物的水化物为强酸

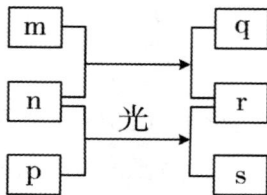

【答案】C

案例 7.（2016 年全国 I 卷 26 题）第（1）①题源自必修 1–P99 图 4–29 及对应的化学方程式

氮的氧化物（NO$_x$）是大气污染物之一，工业上在一定温度和催化剂条件下用 NH$_3$ 将 NO$_x$ 还原生成 N$_2$，某同学在实验室中对 NH$_3$ 与 NO$_x$ 反应进行了探究。回答下列问题：

（1）氨气的制备

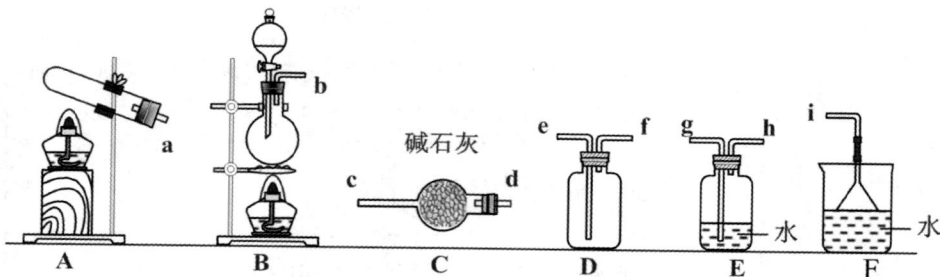

① 氨气的发生装置可以选择上图中的 _____，反应的化学方程式为 _____。

② 预收集一瓶干燥的氨气，选择上图中的装置，其连接顺序为：发生装置→_____（按气流方向，用小写字母表示）。

（2）氨气与二氧化氮的反应

将上述收集到的 NH_3 充入注射器 X 中，硬质玻璃管 Y 中加入少量催化剂，充入 NO_2（两端用夹子 K_1，K_2 夹好）。在一定温度下按图示装置进行实验。

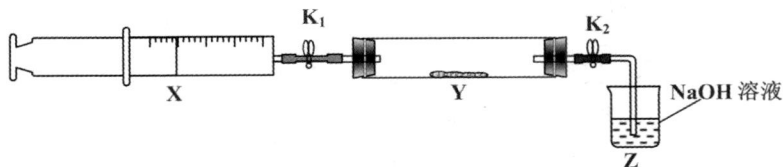

操作步骤	实验现象	解释原因
打开 K_1，推动注射器活塞，使 X 中的气体缓慢通入 Y 管中	① Y 管中 ＿＿＿＿＿＿	② 反应的化学方程式 ＿＿＿＿＿＿
将注射器活塞退回原处并固定，待装置恢复到室温	Y 管中有少量水珠	生成的气态水凝集
打开 K_2	③ ＿＿＿＿＿＿	④ ＿＿＿＿＿＿

【答案】

（1）① A　$2NH_4Cl+Ca(OH)_2 \xlongequal{\ \ \ } CaCl_2+2NH_3\uparrow+2H_2O$

（或 B　$NH_3 \cdot H_2O \xlongequal{\ \ \ } NH_3\uparrow+H_2O$）

② $d \rightarrow c \rightarrow f \rightarrow e \rightarrow i$

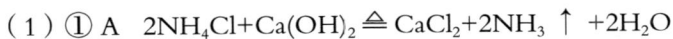

（2）① 红棕色气体颜色慢慢变浅

② $8NH_3+6NO_2 \xlongequal{催化剂} 7N_2+12H_2O$

③ Z 中 NaOH 溶液产生倒吸现象

④ 反应后气体分子数减少，Y 管内压强小于外界大气压

案例 8.（2016 年全国 I 卷 28 题）第（3）题源自必修 1–P7 第 1 段

$NaClO_2$ 是一种重要的杀菌消毒剂，也常用来漂白织物等，其一种生产工艺如下：

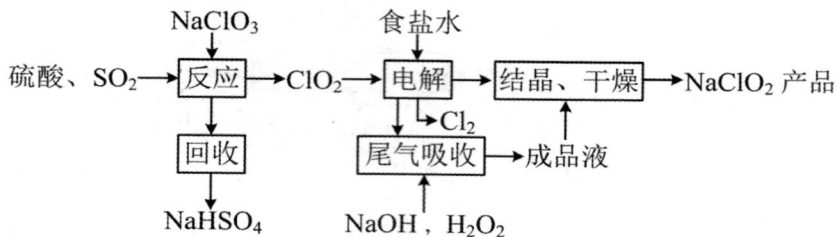

回答下列问题：

（1）$NaClO_2$ 中 Cl 的化合价为 _____。

（2）写出"反应"步骤中生成 ClO_2 的化学方程式 _____。

（3）"电解"所用食盐水由粗盐水精制而成，精制时，为除去 Mg^{2+} 和 Ca^{2+}，要加入的试剂分别为 _____、_____。"电解"中阴极反应的主要产物是 _____。

（4）"尾气吸收"是吸收"电解"过程排出的少量 ClO_2。此吸收反应中，氧化剂与还原剂的物质的量之比为 _____，该反应中氧化产物是 _____。

（5）"有效氯含量"可用来衡量含氯消毒剂的消毒能力，其定义是：每克含氯消毒剂的氧化能力相当于多少克 Cl_2 的氧化能力。$NaClO_2$ 的有效氯含量为 ____。（计算结果保留两位小数）

【答案】

（1）+3

（2）$2NaClO_3+SO_2+H_2SO_4=2ClO_2+2NaHSO_4$

（3）NaOH 溶液　Na_2CO_3 溶液　ClO_2^-（或 $NaClO_2$）

（4）2:1　O_2

（5）1.57 g

案例9.（2016年全国Ⅱ卷07题）B选项源自必修2–P100最后一句

下列有关燃料的说法错误的是（　　）。

A. 燃料燃烧产物 CO_2 是温室气体之一

B. 化石燃料完全燃烧不会造成大气污染

C. 以液化石油气代替燃油可减少大气污染

D. 燃料不完全燃烧排放的 CO 是大气污染物之一

【答案】B

案例10.（2016年全国Ⅱ卷13题）A选项源自必修1–P26"科学探究"的1

下列实验操作能达到实验目的的的是（　　）。

选项	实验目的	实验操作
A	制备 $Fe(OH)_3$ 胶体	将 NaOH 浓溶液滴加到饱和的 $FeCl_3$ 溶液中
B	由 $MgCl_2$ 溶液制备无水 $MgCl_2$	将 $MgCl_2$ 溶液加热蒸干
C	除去 Cu 粉中混有的 CuO	加入稀硝酸溶解，过滤、洗涤、干燥
D	比较水和乙醇中氢的活泼性	分别将少量钠投入盛有水和乙醇的烧杯中

【答案】D

案例11.（2016年全国Ⅱ卷28题）第（1）（2）题源自必修1–P61"科学探究"

某班同学用如下实验探究 Fe^{2+}，Fe^{3+} 的性质。回答下列问题：

（1）分别取一定量氯化铁、氯化亚铁固体，均配制成 $0.1\ mol\cdot L^{-1}$ 的溶液。在 $FeCl_2$ 溶液中须加入少量铁屑，其目的是 _____。

（2）甲组同学取 2 mL $FeCl_2$ 溶液，加入几滴氯水，再加入 1 滴 KSCN 溶液，溶液变红，说明 Cl_2 可将 Fe^{2+} 氧化。$FeCl_2$ 溶液与氯水反应的离子方程式为 _____。

（3）乙组同学认为甲组的实验不够严谨，该组同学在 2 mL $FeCl_2$ 溶液中先加入 0.5 mL 煤油，再于液面下依次加入几滴氯水和 1 滴 KSCN 溶液，溶液变红，煤油的作用是 _____。

（4）丙组同学取 10 mL 0.1 mol·L^{-1} KI 溶液，加入 6 mL 0.1 mol·L^{-1} FeCl$_3$ 溶液混合。分别取 2 mL 此溶液于 3 支试管中进行如下实验：

① 第一支试管中加入 1 mL CCl$_4$ 充分振荡、静置，CCl$_4$ 层呈紫色；

② 第二支试管中加入 1 滴 K$_3$[Fe(CN)$_6$] 溶液，生成蓝色沉淀；

③ 第三支试管中加入 1 滴 KSCN 溶液，溶液变红。

实验②检验的离子是 _____（填离子符号）；实验①和③说明：在 I$^-$ 过量的情况下，溶液中仍含有 _____（填离子符号），由此可以证明该氧化还原反应为 _____。

（5）丁组同学向盛有 H$_2$O$_2$ 溶液的试管中加入几滴酸化的 FeCl$_2$ 溶液，溶液变成棕黄色，发生反应的离子方程式为 _____；一段时间后，溶液中有气泡出现，并放热，随后有红褐色沉淀生成。产生气泡的原因是 _____；生成沉淀的原因是 _____（用平衡移动原理解释）。

【答案】

（1）防止 Fe^{2+} 被氧化

（2）$2Fe^{2+}+Cl_2=2Fe^{3+}+2Cl^-$

（3）隔绝空气（或排除氧气对实验的影响）

（4）Fe^{2+} Fe^{3+} 可逆反应

（5）$H_2O_2+2Fe^{2+}+2H^+=2Fe^{3+}+2H_2O$ Fe^{3+} 催化 H$_2$O$_2$ 分解产生 O$_2$

　　　　H$_2$O$_2$ 分解反应放热，促进 Fe^{3+} 的水解平衡正向移动

案例 12.（2015 年全国 I 卷 10 题）B 选项源自必修 1-P63 第 10 题；C 选项源自必修 1-P48"科学探究"

下列实验中，对应的现象以及结论都正确且两者具有因果关系的是（　　）

选项	实验	现象	结论
A	将稀硝酸加入过量铁粉中，充分反应后滴加 KSCN 溶液	有气体生成，溶液呈血红色	稀硝酸将 Fe 氧化为 Fe^{3+}
B	将铜粉加 1.0 mol·L^{-1} Fe$_2$(SO$_4$)$_3$ 溶液中	溶液变蓝、有黑色固体出现	金属铁比铜活泼

续 表

C	用坩埚钳夹住一小块用砂纸仔细打磨过的铝箔在酒精灯上加热	熔化后的液态铝滴落下来	金属铝的熔点较低
D	将 0.1 mol·L^{-1} $MgSO_4$ 溶液滴入 NaOH 溶液至不再有沉淀产生，再滴加 0.1 mol·L^{-1} $CuSO_4$ 溶液	先有白色沉淀生成，后变为浅蓝色沉淀	$Cu(OH)_2$ 的溶度积比 $Mg(OH)_2$ 的小

【答案】D

案例13.（2015年全国Ⅰ卷27题）第（2）题源自必修1–P59倒数第2段

硼及其化合物在工业上有许多用途。以铁硼矿（主要成分为 $Mg_2B_2O_5·H_2O$ 和 Fe_3O_4，还有少量 Fe_2O_3，FeO，CaO，Al_2O_3 和 SiO_2 等）为原料制备硼酸（H_3BO_3）的工艺流程如图所示：

铁硼矿粉 → 硫酸浸出 → 过滤 → 净化除杂 → 过滤 → 蒸发浓缩 → 冷却结晶 → 过滤 → 粗硼酸
（浸渣）　　　　　（滤渣）　　　　　　　　　　　　　　（含镁盐母液）

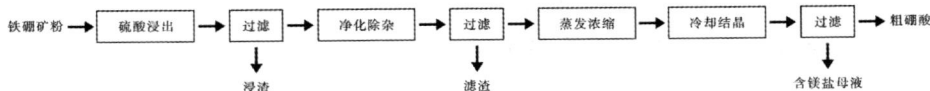

回答下列问题：

（1）写出 $Mg_2B_2O_5·H_2O$ 与硫酸反应的化学方程式 _____。为提高浸出速率，除适当增加硫酸浓度外，还可采取的措施有 _____、_____（写出两条）。

（2）利用 _____ 的磁性，可将其从"浸渣"中分离。"浸渣"中还剩余的物质是 _____（写化学式）。

（3）"净化除杂"须先加 H_2O_2 溶液，作用是 _____。然后再调节溶液的 pH 约为 5，目的是 _____。

（4）"粗硼酸"中的主要杂质是 _____（填名称）。

（5）以硼酸为原料可制得硼氢化钠（$NaBH_4$），它是有机合成中的重要还原剂，其电子式为 _____。

（6）单质硼可用于生产具有优良抗冲击性能硼钢。以硼酸和金属镁为原料可制备单质硼，用化学方程式表示制备过程 _____。

【答案】

（1）$Mg_2B_2O_5 \cdot H_2O + 2H_2SO_4 = 2MgSO_4 + 2H_3BO_3$　　提高反应温度　减小铁硼矿粉粒径

（2）Fe_3O_4　　SiO_2 和 $CaSO_4$

（3）将 Fe^{2+} 氧化成 Fe^{3+}　　使 Fe^{3+} 与 Al^{3+} 形成氢氧化物沉淀而除去

（4）（七水）硫酸镁

（5）$Na^+ \left[\ H \colon \overset{\overset{\displaystyle H}{\cdot\cdot}}{\underset{\underset{\displaystyle H}{\cdot\cdot}}{B}} \colon H \ \right]^-$

（6）$2H_3BO_3 \xlongequal{\triangle} B_2O_3 + 3H_2O, B_2O_3 + 3Mg \xlongequal{\triangle} 3MgO + 2B$

案例 14.（2015 年全国 II 卷 07 题）A 选项源自必修 1-P76

食品干燥剂应无毒、无味、无腐蚀性及环境友好。下列说法错误的是（　　）。

A. 硅胶可用作食品干燥剂

B. P_2O_5 不可用作食品干燥剂

C. 六水合氯化钙可用作食品干燥剂

D. 加工后具有吸水性的植物纤维可用作食品干燥剂

【答案】C

案例 15.（2015 年全国 II 卷 12 题）B 选项源自必修 1-P7 第一段

海水开发利用的部分过程如图所示。下列说法错误的是（　　）。

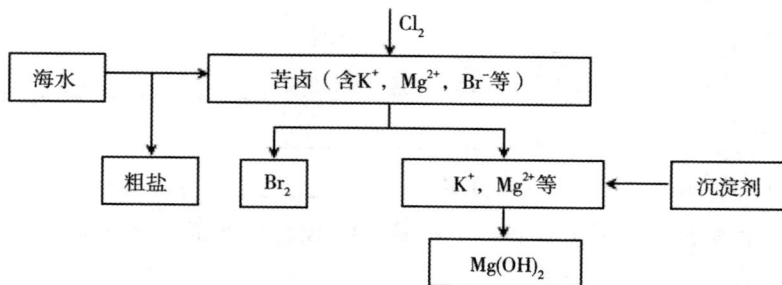

A. 向苦卤中通入 Cl_2 是为了提取溴

B. 粗盐可采用除杂和重结晶等过程提纯

C. 工业生产常选用 NaOH 作为沉淀剂

D. 富集溴一般先用空气和水蒸气吹出单质溴，再用 SO_2 将其还原吸收

【答案】C

案例 16.（2015 年全国 II 卷 13 题）C 选项源自必修 1-P62 第 3 题；B 选项源自必修 1-P102 倒数第 2 段

用右图所示装置进行下列实验：将①中溶液滴入②中，预测的现象与实际相符的是（ ）。

选项	①中物质	②中物质	预测②中的现象
A	稀盐酸	碳酸钠与氢氧化钠的混合溶液	立即产生气泡
B	浓硝酸	用砂纸打磨过的铝条	产生红棕色气体
C	氯化铝溶液	浓氢氧化钠溶液	产生大量白色沉淀
D	草酸溶液	高锰酸钾酸性溶液	溶液逐渐褪色

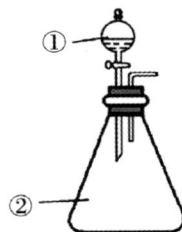

【答案】D

案例 17.（2014 年全国 I 卷 08 题）B 选项源自必修 1-P87 第 9 题；D 选项源自必修 1-P63 第 10 题

化学与社会、生活密切相关。对下列现象或事实的解释正确的是（ ）。

选项	现象或事实	解释
A	用热的烧碱溶液洗去油污	Na_2CO_3 可直接和油污反应
B	漂白粉在空气中久置变质	漂白粉中的 $CaCl_2$ 与空气中的 CO_2 反应生成 $CaCO_3$
C	施肥时，草木灰（有效成分为 K_2CO_3）不能与 NH_4Cl 混合使用	K_2CO_3 与 NH_4Cl 反应生成氨气会降低肥效
D	$FeCl_3$ 溶液可用于铜质印刷线路板制作	$FeCl_3$ 能从含有 Cu^{2+} 的溶液中置换出铜

【答案】C

案例 18.（2014 年全国Ⅰ卷 12 题）D 选项源自必修 1–P18 第 6 题

下列有关仪器的使用方法或实验操作正确的是（　　）。

A. 洗净的锥形瓶和容量瓶可以放进烘箱中烘干

B. 酸式滴定管装标准液前，必须先用该溶液润洗

C. 酸碱滴定实验中，用待测溶液润洗锥形瓶以减小实验误差

D. 用容量瓶配溶液时，若加水超过刻度线，立即用滴定管吸出多余液体

【答案】B

案例 19.（2014 年全国Ⅰ卷 13 题）B 选项源自于必修 1–P101 "图 4–31"

利用下图所示装置进行下列实验，能得出相应实验结论的是（　　）。

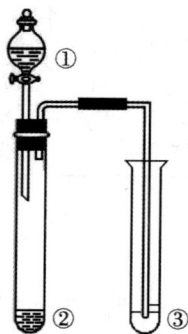

选项	①	②	③	实验结论
A	稀硫酸	Na_2S	$AgNO_3$ 与 $AgCl$ 的浊液	$K_{sp}(AgCl) > K_{sp}(Ag_2S)$
B	浓硫酸	蔗糖	溴水	浓硫酸具有脱水性、氧化性
C	稀盐酸	Na_2SO_3	$Ba(NO_3)_2$ 溶液	SO_2 与可溶性钡盐均可以生成白色沉淀
D	浓硝酸	Na_2CO_3	Na_2SiO_3 溶液	酸性：硝酸＞碳酸＞硅酸

【答案】B

案例 20.（2014 年全国 I 卷 26 题）第（3）题源自必修 1–P9 "实验 1–4"

乙酸异戊酯是组成蜜蜂信息素质的成分之一，具有香蕉的香味，实验室制备乙酸异戊酯的反应装置示意图和有关数据如下：

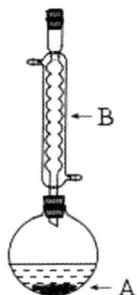

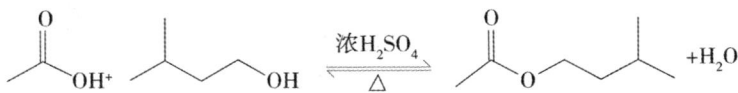

	相对分子质量	密度/g·cm⁻³	沸点/℃	水中溶解性
异戊醇	88	0.8123	131	微溶
乙酸	60	1.0492	118	溶
乙酸异戊酯	130	0.8670	142	难溶

实验步骤：

在 A 中加入 4.4 g 的异戊醇、6.0 g 的乙酸、数滴浓硫酸和 2 ~ 3 片碎瓷片，开始缓慢加热 A，回流 50 分钟，反应液冷至室温后，倒入分液漏斗中，分别用少量水、饱和碳酸氢钠溶液和水洗涤，分出的产物加入少量无水硫酸镁固体，静置片刻，过滤除去硫酸镁固体，进行蒸馏纯化，收集 140 ~ 143 ℃馏分，得乙酸异戊酯 3.9 g。回答下列问题：

（1）装置 B 的名称是：_____。

（2）在洗涤操作中，第一次水洗的主要目的是：_____；第二次水洗的主要目的是：_____。

（3）在洗涤、分液操作中，应充分振荡，然后静置，待分层后 ____（填标号）。

　　a. 直接将乙酸异戊酯从分液漏斗上口倒出

　　b. 直接将乙酸异戊酯从分液漏斗下口放出

　　c. 先将水层从分液漏斗的下口放出，再将乙酸异戊酯从下口放出

　　d. 先将水层从分液漏斗的下口放出，再将乙酸异戊酯从上口放出

（4）本实验中加入过量乙酸的目的是：_____。

（5）实验中加入少量无水硫酸镁的目的是：_____。

（6）在蒸馏操作中，仪器选择及安装都正确的是：_____（填标号）。

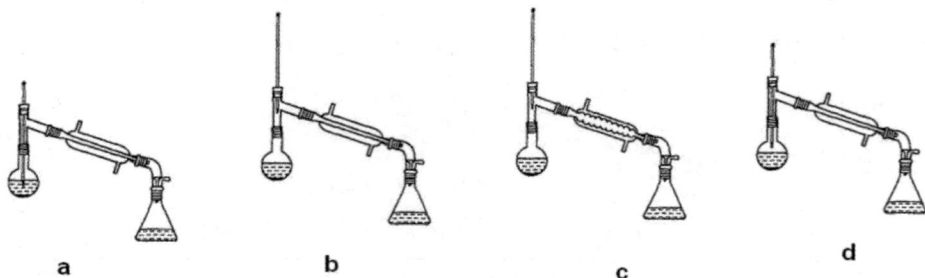

a　　　　　　b　　　　　　c　　　　　　d

（7）本实验的产率是：_____（填标号）。

　　　a.30%　　b.40%　　c.60%　　d.90%

（8）在进行蒸馏操作时，若从 130 ℃ 开始收集馏分，产率偏 _____（填"高"或"低"），原因是 _____。

【答案】

（1）球形冷凝管

（2）洗掉大部分硫酸和醋酸　　洗掉碳酸氢钠

（3）d　　（4）提高醇的转化率　　（5）干燥　　（6）b　　（7）c

（8）高　会收集少量未反应的异戊醇

案例21.（2014 年全国Ⅱ卷 07 题）B 选项源自必修 1–P88 第 13 题

下列过程没有发生化学反应的是（　　）。

A. 用活性炭去除冰箱中的异味

B. 用热碱水清除炊具上残留的油污

C. 用浸泡过高锰酸钾溶液的硅藻土保鲜水果

D. 用含硅胶、铁粉的透气小袋与食品一起密封包装

【答案】A

案例22.（2014年全国Ⅱ卷10题）A选项源自必修1–P6图1–2；B选项源自必修1–P56"图3–13"

下列图示实验正确的是（　　）。

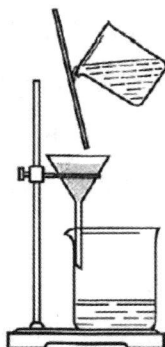

A．除去粗盐溶液中不溶物　　B．碳酸氢钠受热分解

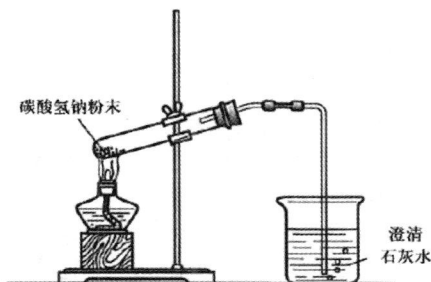

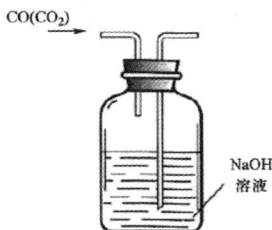

C．除去CO气体中的CO_2气体　　D．乙酸乙酯的制备演示实验

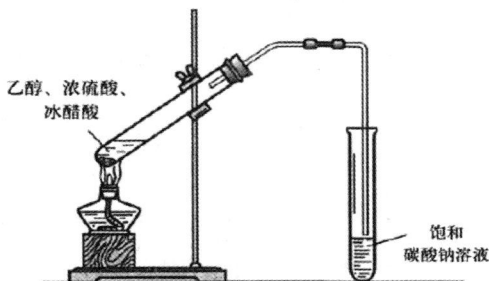

【答案】D

案例23.（2013年全国Ⅰ卷07题）B选项源自必修1–P98"图4–28"；D选项源自必修1–P42第3题

化学无处不在，与化学有关的说法不正确的是（　　）。

A．侯氏制碱法的工艺过程中应用了物质溶解度的差异

B．可用蘸浓盐酸的棉棒检验输送氨气的管道是否漏气

C．碘是人体必需微量元素，所以要多吃富含高碘酸的食物

D．黑火药由硫黄、硝石、木炭三种物质按一定比例混合制成

【答案】C

案例 24.（2013 年全国 I 卷 13 题）A 选项源自必修 1–P9 "实验 1–4"

下列实验中，所采取的分离方法与对应原理都正确的是（   ）。

选项	目的	分离方法	原理
A	分离溶于水中的碘	乙醇萃取	碘在乙醇中的溶解度较大
B	分离乙酸乙酯和乙醇	分液	乙酸乙酯和乙醇的密度不同
C	除去 KNO_3 固体中混杂的 NaCl	重结晶	NaCl 在水中的溶解度很大
D	除去丁醇中的乙醚	蒸馏	丁醇与乙醚的沸点相差较大

【答案】D

案例 25.（2013 年全国 I 卷 26 题）第（1）题源自必修 1–P7 "图 1–4"，第（4）题源自必修 1–P9 "实验 1–4"

醇脱水是合成烯烃的常用方法，实验室合成环己烯的反应和实验装置如下：

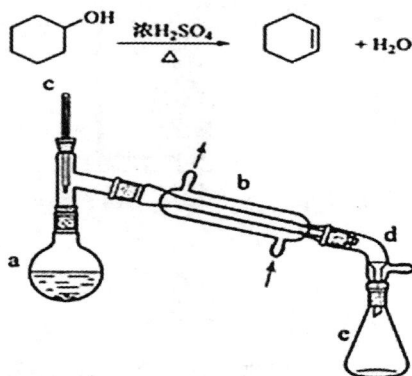

可能用到的有关数据如下：

	相对分子质量	密度 /g·cm^{-3}	沸点 /℃	溶解性
环己醇	100	0.9618	161	微溶于水
环己烯	82	0.8102	83	难溶于水

合成反应：

在 a 中加入 20 g 环己醇和 2 小片碎瓷片，冷却搅动下慢慢加入 1 mL 浓硫

酸。B 中通入冷却水后，开始缓慢加热 a，控制馏出物的温度不超过 90 ℃。

分离提纯：

反应粗产物倒入分液漏斗中分别用少量 5% 碳酸钠溶液和水洗涤，分离后加入无水氯化钙颗粒，静置一段时间后弃去氯化钙。最终通过蒸馏得到纯净环己烯 10 g。

回答下列问题：

（1）装置 b 的名称是_____。

（2）加入碎瓷片的作用是_____；如果加热一段时间后发现忘记加瓷片，应该采取的正确操作是_____（填正确答案标号）。

A．立即补加　　B．冷却后补加　　C．不须补加　　D．重新配料

（3）本实验中最容易产生的副产物的结构简式为_____。

（4）分液漏斗在使用前须清洗干净并_____；在本实验分离过程中，产物应该从分液漏斗的_____（填"上口倒出"或"下口放出"）。

（5）分离提纯过程中加入无水氯化钙的目的是_____。

（6）在环己烯粗产物蒸馏过程中，不可能用到的仪器有_____（填正确答案标号）。

A．圆底烧瓶　　B．温度计　　C．吸滤瓶　　D．球形冷凝管

E．接收器

（7）本实验所得到的环己烯产率是_____（填正确答案标号）。

A．41%　　　B．50%　　　C．61%　　　D．70%

【答案】

（1）直形冷凝管

（2）防止暴沸　B

（3）◯—O—◯

（4）检漏　上口倒出

（5）干燥（或除水除醇）

（6）CD

（7）C

案例26.（2013年全国Ⅰ卷27题）第（2）题源自必修1–P51"实验3–4"的化学方程式

锂离子电池的应用很广，其正极材料可再生利用。某锂离子电池正极材料有钴酸锂（$LiCoO_2$）、导电剂乙炔黑和铝箔等。充电时，该锂离子电池负极发生的反应为 $6C+xLi^++xe^- = Li_xC_6$。现欲利用以下工艺流程回收正极材料中的某些金属资源（部分条件未给出）。

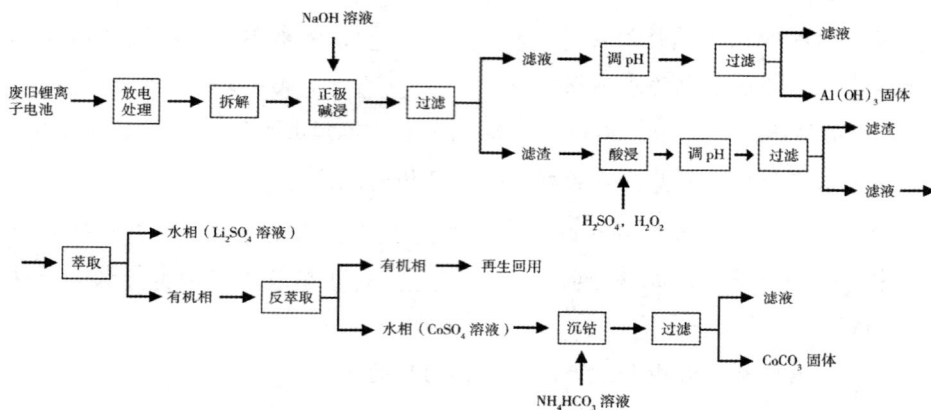

回答下列问题：

（1）$LiCoO_2$ 中，Co 元素的化合价为＿＿＿＿＿＿＿＿。

（2）写出"正极碱浸"中发生反应的离子方程式＿＿＿＿＿＿＿＿＿＿＿。

（3）"酸浸"一般在 80 ℃ 下进行，写出该步骤中发生的所有氧化还原反应的化学方程式＿＿＿＿＿＿＿＿＿＿＿＿＿＿＿＿＿＿；可用盐酸代替 H_2SO_4 和 H_2O_2 的混合液，但缺点是＿＿＿＿＿＿＿＿＿＿＿＿＿＿＿＿。

（4）写出"沉钴"过程中发生反应的化学方程式＿＿＿＿＿＿＿＿＿＿＿。

（5）充放电过程中，发生 $LiCoO_2$ 与 $Li_{1-x}CoO_2$ 之间的转化，写出放电时电池反应方程式＿＿＿＿＿＿＿＿＿＿＿＿＿＿＿＿＿＿＿＿＿＿。

（6）上述工艺中，"放电处理"有利于锂在正极的回收，其原因是＿＿＿＿＿＿＿＿＿＿＿＿＿＿＿＿＿＿＿＿＿。在整个回收工艺中，可回收到的金属化合物有＿＿＿＿＿＿＿＿＿＿＿＿＿＿＿＿＿＿＿（填化学式）。

【答案】

（1）+3

（2）$2Al + 2OH^- + 6H_2O = 2Al(OH)_4^- + 3H_2 \uparrow$

（3）$2LiCoO_2 + 3H_2SO_4 + H_2O_2 \stackrel{\triangle}{=\!=\!=} Li_2SO_4 + 2CoSO_4 + O_2 \uparrow + 4H_2O$

　　　$2H_2O_2 \stackrel{\triangle}{=\!=\!=} 2H_2O + O_2 \uparrow$　有氯气生成，污染较大

（4）$CoSO_4 + 2NH_4HCO_3 = CoCO_3 \downarrow + (NH_4)_2SO_4 + CO_2 \uparrow + H_2O$

（5）$Li_{1-x}CoO_2 + Li_xC_6 = LiCoO_2 + 6C$

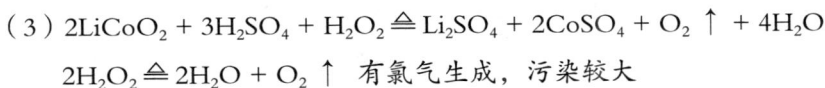

（6）Li^+ 从负极中脱出，经由电解质向正极移动并进入正极材料中

　　　$Al(OH)_3$, $CoCO_3$, Li_2SO_4

案例27.（2017年江苏16题）工艺流程中的大部分化学反应来源于教材，部分陌生化学反应原理源于教材。本题源自必修1–《金属及其化合物》

铝是应用广泛的金属。以铝土矿（主要成分为 Al_2O_3，含 SiO_2 和 Fe_2O_3 等杂质）为原料制备铝的一种工艺流程如下：

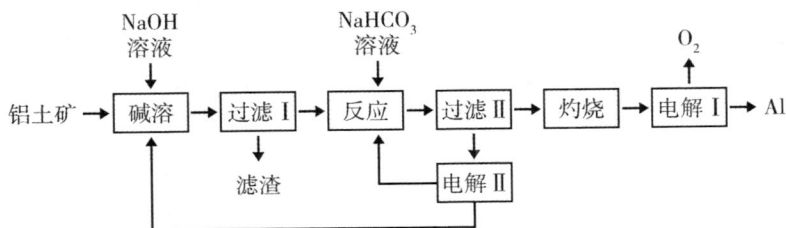

注：SiO_2 在"碱溶"时转化为铝硅酸钠沉淀。

（1）"碱溶"时生成偏铝酸钠的离子方程式为 _____。

（2）向"过滤Ⅰ"所得滤液中加入 $NaHCO_3$ 溶液，溶液的 pH ____（填"增大""不变"或"减小"）。

（3）"电解Ⅰ"是电解熔融 Al_2O_3，电解过程中作阳极的石墨易消耗，原因是 _____。

（4）"电解Ⅱ"是电解 Na_2CO_3 溶液，原理如图所示。阳极的电极反应式为 _____，阴极产生的物质 A 的化学式为 _____。

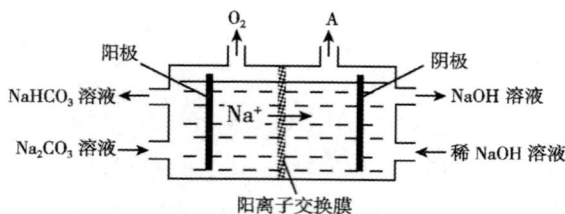

（5）铝粉在 1000 ℃ 时可与 N_2 反应制备 AlN。在铝粉中添加少量 NH_4Cl 固体并充分混合，有利于 AlN 的制备，其主要原因是＿＿＿＿＿＿＿＿。

【答案】

（1）$Al_2O_3 + 2OH^- = 2AlO_2^- + H_2O$

（2）减小

（3）石墨电极被阳极上产生的 O_2 氧化

（4）$4CO_3^{2-} + 2H_2O - 4e^- = 4HCO_3^- + O_2\uparrow$ H_2

（5）NH_4Cl 分解产生的 HCl 能够破坏 Al 表面的 Al_2O_3 薄膜

（二）化学基本概念和理论 1（海珠中学 韩凤伟提供）

案例 1. 如表所示的五种元素中，W，X，Y，Z 为短周期元素，这四种元素的原子最外层电子数之和为 22。下列说法正确的是（　　）。

	X	Y	
W			Z
T			

A. X，Y，Z 三种元素最低价氢化物的沸点依次升高

B. 由 X，Y 和氢三种元素形成的化合物中只有共价键

C. T 的氢化物的沸点一定高于同主族元素形成的其他氢化物

D. T 元素单质具有半导体的特性，T 与 Z 元素可形成化合物 TZ_4

【答案】D

【注解】选项 A 考查 H_2O，NH_3，HCl 的沸点高低，源自必修 2-P24 图 1-11，具有氢键的氢化物的沸点出现反常。

案例2. 如图中每条折线表示周期表ⅣA～ⅦA中的某一族元素氢化物的沸点变化。每个小黑点代表一种氢化物，其中a点代表的是（　）

A. H_2S　　　B. HCl

C. PH_3　　　D. SiH_4

【答案】D

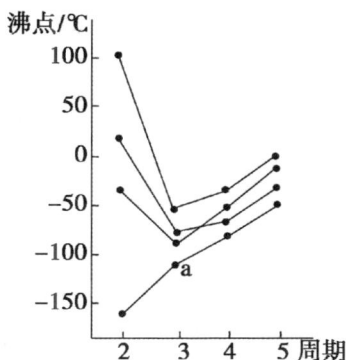

案例3. 某研究性小组为了探究石蜡油分解产物，设计了如下实验方案。下列说法错误的是（　）。

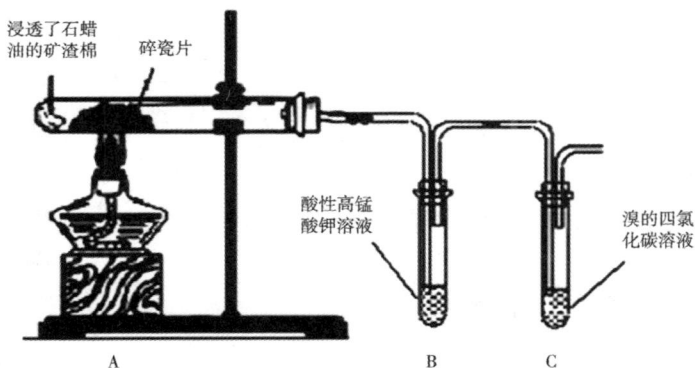

A. 碎瓷片有催化和积蓄热量的作用

B. B，C中溶液均褪色，反应类型相同

C. 石蜡油是石油减压蒸馏的产物

D. 结束反应时，先撤出导管，再停止加热

【答案】B

【注解】选项A源自必修2-P67："石蜡油蒸汽通过炽热的碎瓷片表面发生反应，生成一定量的气体。""在炽热碎瓷片的作用下，石蜡油分解产生了可以使酸性高锰酸钾溶液、溴的四氯化碳溶液褪色的气态产物。"这说明碎瓷片有催化作用是教师们容易忽略的点。

案例 4. "空气吹出法"海水提溴的工艺流程如下：

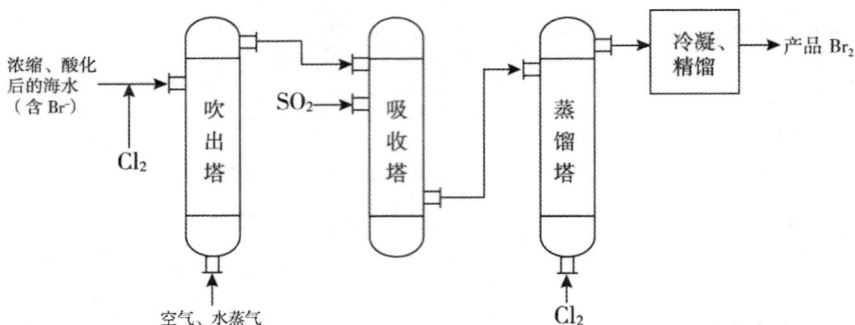

下列说法中，正确的是（   ）。

A. 进入吹出塔前，Br^- 被还原成了 Br_2

B. 从吹出塔进入吸收塔的物质只有 Br_2

C. 经过吸收塔后，溴元素得到了富集

D. 蒸馏塔中只发生了物理变化

【答案】C

【注解】源自必修 2-P91 "资料卡片"。

（三）化学基本概念和理论 2

案例 1. 短周期主族元素 W，X，Y，Z 的原子序数依次增大，W 与 Y 位于同一主族，X 的原子半径是所有短周期主族元素中最大的。由 W，Y 和 Z 三种元素形成的一种液态化合物甲溶于水后，可观察到剧烈反应，液面上有白雾形成，并有能使品红溶液褪色的带刺激性气味的气体逸出。下列说法错误的是（   ）。

A. Y 的简单氢化物的热稳定性比 Z 的弱

B. W 的简单离子半径大于 X 的简单离子半径

C. 化合物甲可用作某种锂电池的还原剂

D. XZW 是漂白液的有效成分

【答案】C

【注解】该题源自选修 4-P59 第 9 题。

案例2.（2009年海南15题）

Li—$SOCl_2$ 电池可用于心脏起搏器。该电池的电极材料分别为锂和碳，电解液是 $LiAlCl_4$—$SOCl_2$。电池的总反应可表示为：$4Li+2SOCl_2=4LiC+S+SO_2$。

请回答下列问题：

（1）电池的负极材料为_____，发生的电极反应为_____；

（2）电池正极发生的电极反应为_____；

（3）$SOCl_2$ 易挥发，实验室中常用 NaOH 溶液吸收 $SOCl_2$，有 Na_2SO_3 和 NaCl 生成。如果把少量水滴到 $SOCl_2$ 中，实验现象是_____，反应的化学方程式为_____；

（4）组装该电池必须在无水、无氧的条件下进行，原因是_____。

【**参考答案**】

（1）锂（或 Li）　$Li-e^-=Li^+$

（2）$2SOCl_2+4e^-=4Cl^-+S+SO_2$

（3）出现白雾，有刺激性气体生成　$SOCl_2+H_2O=SO_2\uparrow+2HCl\uparrow$

（4）锂是活泼金属，易与 H_2O，O_2 反应，且 $SOCl_2$ 也可与水反应

案例3.（2018深—模T11）

银锌蓄电池应用广泛，放电时总反应为 $Zn+Ag_2O_2+H_2O=Zn(OH)_2+Ag_2O$。某小组以银锌蓄电池为电源，用惰性电极电解饱和 Na_2SO_4 溶液制备 H_2SO_4 和 NaOH，设计如图所示装置。连通电路后，下列说法正确是（　　）。

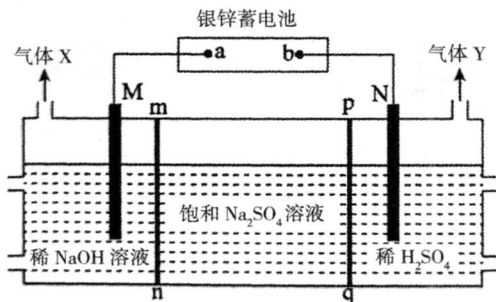

A. 电池的 a 极反应式为 $Ag_2O_2+H_2O+2e^-=Ag_2O+2OH^-$

B. 气体 Y 为 H_2

C. pq 膜适宜选择阳离子交换膜

D. 电池中消耗 65 g Zn，理论上生成 1 mol 气体 X

【答案】D

【注解】该题源自选修 4 原电池和电解池，是综合考查原电池与电解池原理的好题，较基础。

案例 4. 下列气体中，不能用排空气法收集的是（　　）。

A.H_2 　　　　　B.CO_2 　　　　　C.NO 　　　　　D.O_2

【答案】C

【注解】选项 C 源自必修 1-P91 最后一行。

（四）有机化学基础（五中 梁德宇提供）

案例 1.（2017 年全国 I 卷 36 题）合成起始原料源自人教版选修 5-P56 "资料卡片" 中的有机物。

图 3-13　桂皮和杏仁中含有的醛

化合物 H 是一种有机光电材料中间体。实验室由芳香化合物 A 制备 H 的一种合成路线如下：

已知：

① $RCHO + CH_3CHO \xrightarrow[\triangle]{NaOH/H_2O} RCH=CHCHO+H_2O$

②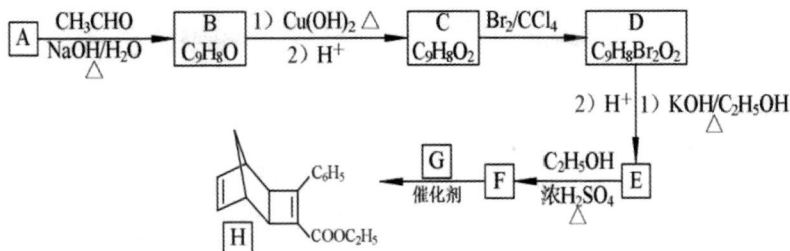

回答下列问题：

（1）A 的化学名称是 _____。

（2）由 C 生成 D 和 E 生成 F 的反应类型分别是 _____、_____。

（3）E 的结构简式为 _____。

（4）G 为甲苯的同分异构体，由 F 生成 H 的化学方程式为 _____。

（5）芳香化合物 X 是 F 的同分异构体，X 能与饱和碳酸氢钠溶液反应放出 CO_2，其核磁共振氢谱显示有 4 种不同化学环境的氢，峰面积比为 6：2：2：1，写出 2 种符合要求的 X 的结构简式：_____。

（6）写出用环戊烷和 2- 丁炔为原料制备化合物  的合成路线 _____

_____（其他试剂任选）。

【答案】

（1）苯甲醛

（2）加成反应 取代反应

（3）

（4）

（5）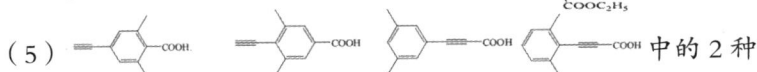中的 2 种

（6）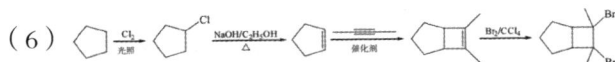

案例 2.（2016 年全国 I 卷 38 题）合成 G 的反应源自人教版选修 5–P102 相关内容。

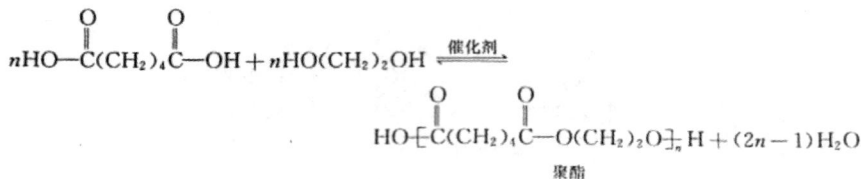

$$nHO-\overset{O}{\underset{}{C}}(CH_2)_4\overset{O}{\underset{}{C}}-OH + nHO(CH_2)_2OH \xrightarrow{\text{催化剂}}$$

$$HO\text{--}\!\!\left[\!\overset{O}{\underset{}{C}}(CH_2)_4\overset{O}{\underset{}{C}}-O(CH_2)_2O\right]_n\!\!H + (2n-1)H_2O$$

聚酯

缩聚反应与加聚反应不同，在生成聚合物的同时，一般伴随有小分子副产物（如 H_2O 等）的生成。作为缩聚反应单体的化合物应至少含有两个官能团。含两个官能团的单体缩聚后生成的缩合聚合物呈现为线型结构。例如，合成纤维锦纶-66 是由己二酸 $HOOC(CH_2)_4COOH$ 与己二胺 $H_2N(CH_2)_6NH_2$ 缩聚成的线型结构聚合物。

秸秆（含多糖物质）的综合应用具有重要的意义。下面是以秸秆为原料合成聚酯类高分子化合物的路线：

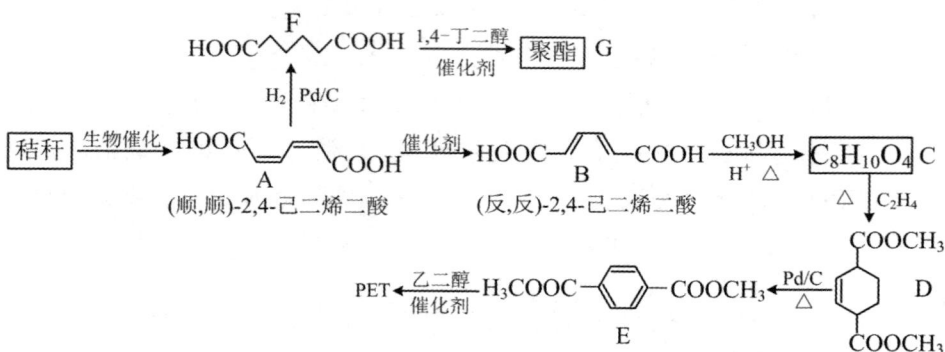

回答下列问题：

（1）下列关于糖类的说法正确的是 _____。（填标号）

a. 糖类都有甜味，具有 $C_nH_{2m}O_m$ 的通式

b. 麦芽糖水解生成互为同分异构体的葡萄糖和果糖

c. 用银镜反应不能判断淀粉水解是否完全

d. 淀粉和纤维素都属于多糖类天然高分子化合物

（2）B 生成 C 的反应类型为 _____。

（3）D 中官能团名称为 _____，D 生成 E 的反应类型为 _____。

（4）F 的化学名称是 _____，由 F 生成 G 的化学方程式为 _____。

（5）具有一种官能团的二取代芳香化合物 W 是 E 的同分异构体，0.5 mol W 与足量碳酸氢钠溶液反应生成 44 g CO_2，W 共有 _____ 种(不含立体结构)，其中核磁共振氢谱为三组峰的结构简式为 _____。

（6）参照上述合成路线，以（反，反）−2, 4−己二烯和 C_2H_4 为原料（无机试剂任选），设计制备对二苯二甲酸的合成路线 _____。

【答案】

（1）c d

（2）取代反应（或酯化反应）

（3）酯基、碳碳双键 消去反应

（4）1，6−己二酸

$$n\text{HOOC}(CH_2)_4\text{COOH}+n\text{HOCH}_2CH_2CH_2CH_2\text{OH} \xrightarrow{\text{催化剂}} \text{HO} \overset{\overset{\displaystyle O}{\parallel}}{\underset{}{+}} C(CH_2)_4\text{COOCH}_2CH_2CH_2CH_2\text{O} \overset{}{\underset{}{+}}_n H+(2n-1)H_2O$$

（5）12

（6）

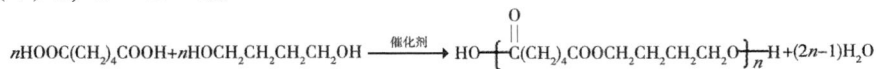

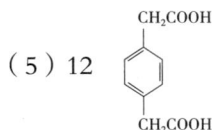

案例 3.(2016 年全国 Ⅱ 卷 38 题)合成目标产物 G 源自鲁科版选修 5–P122。

长期以来，糨糊被用做纸制品的黏合剂。随着高分子材料的开发，目前使用的黏合剂是以各种树脂如酚醛树脂、脲醛树脂等为主要成分制成的。502 瞬间强力胶是日常生活中常用的一种黏合剂，它是在聚 α−氰基丙烯酸乙

图 3−3−7 外墙涂料

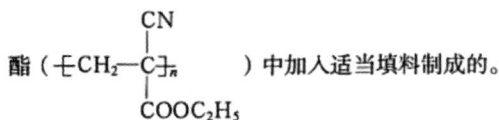

酯（ $\begin{matrix} & CN \\ +CH_2-C+_n \\ & COOC_2H_5 \end{matrix}$ ）中加入适当填料制成的。

氰基丙烯酸酯在碱性条件下能快速聚合为 $\begin{matrix} & CN \\ +CH_2-C+_n \\ & COOR \end{matrix}$ ，从而具有胶黏性，某种氰基丙烯酸酯（ G ）的合成路线如下：

$$\boxed{A} \xrightarrow[\text{HaON（微量）}]{\text{HCN（水溶液）}} \boxed{B} \xrightarrow[\triangle]{\text{浓 } H_2SO_4} \boxed{\begin{array}{c}C\\(C_4H_5N)\end{array}} \xrightarrow[\text{光照}]{Cl_2} \boxed{D}$$

$$\boxed{G} \xleftarrow[\text{浓 } H_2SO_4/\triangle]{CH_3OH} \boxed{F} \xleftarrow[\text{催化剂}]{O_2} \boxed{\begin{array}{c}E\\(C_4H_5NO)\end{array}} \xleftarrow[]{} \boxed{D} \xrightarrow[\text{（D向下 NaOH | }H_2O\text{）}]{}$$

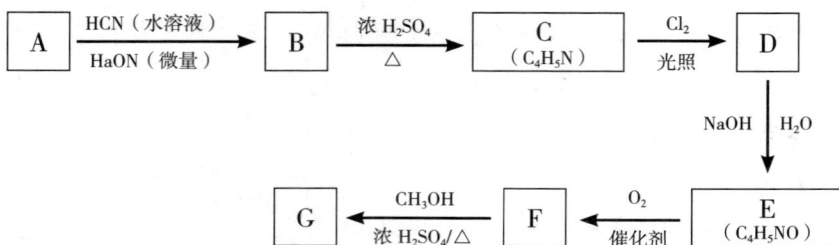

已知：①A 的相对分子质量为 58，氧元素质量分数为 0.276，核磁共振氢谱显示为单峰

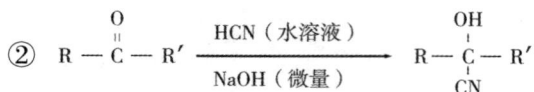

②
$$R-\overset{\overset{\displaystyle O}{\|}}{C}-R' \xrightarrow[\text{NaOH（微量）}]{\text{HCN（水溶液）}} R-\overset{\overset{\displaystyle OH}{|}}{\underset{\underset{\displaystyle CN}{|}}{C}}-R'$$

回答下列问题：

（1）A 的化学名称为 _____。

（2）B 的结构简式为 _____，其核磁共振氢谱显示为 _____ 组峰，峰面积比为 _____。

（3）由 C 生成 D 的反应类型为 _____。

（4）由 D 生成 E 的化学方程式为 _____。

（5）G 中的官能团有 _____、_____、_____。（填官能团名称）

（6）G 的同分异构体中，与 G 具有相同官能团且能发生银镜反应的共有 _____ 种。（不含立体异构）

【答案】

（1）丙酮

（2）
$$\overset{\overset{\displaystyle OH}{|}}{\underset{\underset{\displaystyle CN}{|}}{\text{—}}}$$ 2　6∶1（或 1∶6）

（3）取代反应

（4）
$$H_2C=\overset{\overset{\displaystyle CN}{|}}{\underset{\underset{\displaystyle CH_2Cl}{|}}{C}} +NaOH \xrightarrow[\triangle]{H_2O} H_2C=\overset{\overset{\displaystyle CN}{|}}{\underset{\underset{\displaystyle CH_2OH}{|}}{C}} +NaCl$$

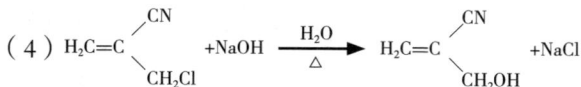

（5）碳碳双键　酯基　氰基

（6）8

案例4.（2015年全国Ⅰ卷38题）合成路线素材主要与课本中以下三个素材相关：

（1）人教版选修5-P116第1题。

（2）人教版选修5-P112第2题。

2. 天然纤维的吸湿性优于合成纤维，合成纤维中吸湿性较好的是_____。为什么？

A. 聚酰胺纤维（锦纶）　　　　　　B. 聚酯纤维（涤纶）

C. 聚乙烯醇缩甲醛纤维（维纶）　　D. 聚丙烯纤维（丙纶）

（3）人教版选修5-P111"科学视野"相关内容。

不耐磨，不易成型，溶于汽油等有机溶剂。天然橡胶是异戊二烯的聚合物，具有顺式结构，称为顺式聚异戊二烯。

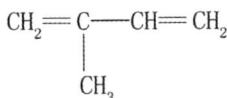

异戊二烯
（2-甲基-1,3-丁二烯）

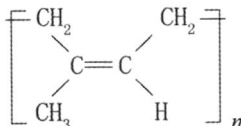

天然橡胶的结构简式
（顺式聚异戊二烯）

天然橡胶原为线型高分子，经硫化后转变成网状结构，增加了它的弹性和强度。

A（C_2H_2）是基本有机化工原料。由A制备聚乙烯醇缩丁醛和顺式聚异戊二烯的合成路线（部分反应条件略去）如下所示：

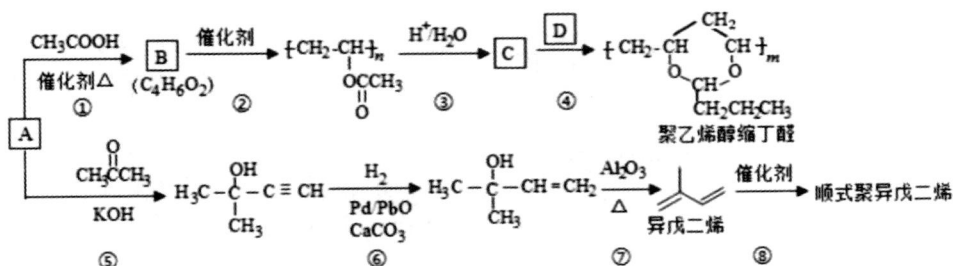

回答下列问题：

（1）A的名称是_____，B含有的官能团是_____。

（2）①的反应类型是_____，⑦的反应类型是_____。

（3）C 和 D 的结构简式分别为_____、_____。

（4）异戊二烯分子中最多有_____个原子共平面，顺式聚异戊二烯的结构简式为_____。

（5）写出与 A 具有相同官能团的异戊二烯的所有同分异构体_____
_____（写结构简式）。

（6）参照异戊二烯的上述合成路线，设计一条由 A 和乙醛为起始原料制备 1，3- 丁二烯的合成路线_____。

【答案】

（1）乙炔　碳碳双键、酯基

（2）加成反应　消去反应

（3）$\left.\begin{array}{c}\text{CH}_2-\text{CH}\\|\\\text{OH}\end{array}\right]_n$　$CH_3CH_2CH_2CHO$

（4）11　$\left[\begin{array}{cc}CH_2 & H_2C\\ C=C\\ H_3C & H\end{array}\right]_n$

（5）$\begin{array}{c}H_3C\\H_3C\end{array}$CH-C≡CH　CH_3-CH_2-CH_2-C≡CH　CH_3-CH_2-C≡C-CH_3

（6）HC≡CH $\xrightarrow{CH_3CHO}$ HC≡C-CH-CH_3 $\xrightarrow[CaCO_3]{\substack{H_2\\Pd/PdO}}$ H_2C=CH-CH-CH_3 $\xrightarrow[\Delta]{Al_2O_3}$ H_2C=CH-CH=CH_2

（带 OH 于中间碳）

案例5.（2015 年全国Ⅱ卷 38 题）素材源自人教版选修 5。

（1）人教版选修 5-P102 相关内容。

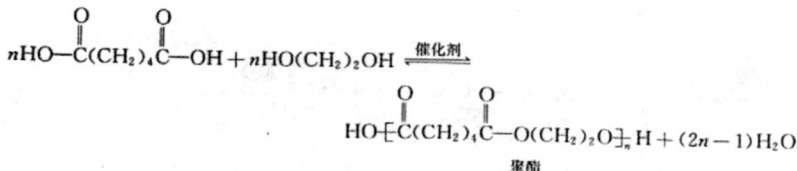

$$n\text{HO}-\overset{O}{\underset{}{C}}(\text{CH}_2)_4\overset{O}{\underset{}{C}}-\text{OH}+n\text{HO}(\text{CH}_2)_2\text{OH} \xrightarrow{\text{催化剂}}$$

$$\text{HO}\left[\overset{O}{\underset{}{C}}(\text{CH}_2)_4\overset{O}{\underset{}{C}}-\text{O}(\text{CH}_2)_2\text{O}\right]_n\text{H}+(2n-1)\text{H}_2\text{O}$$

聚酯

缩聚反应与加聚反应不同，在生成聚合物的同时，一般伴随有小分子副产物（如 H_2O 等）的生成。作为缩聚反应单体的化合物应至少含有两个官能团。含两个官能团的单体缩聚后生成的缩合聚合物呈现为线型结构。例如，合成纤维锦纶-66 是由己二酸 $HOOC(CH_2)_4COOH$ 与己二胺 $H_2N(CH_2)_6NH_2$ 缩聚成的线型结构聚合物。

（2）人教版选修 5-P100 关于聚合度的内容。

像乙烯这类能够进行聚合反应形成高分子化合物的低分子化合物被称为单体；高分子化合物中化学组成相同、可重复的最小单位称为链节，也称重复结构单元，聚乙烯的链节为—CH_2CH_2—；高分子链中含有链节的数目称为聚合度，通常用 n 表示。

书写高分子化合物结构式时，将链节写在方括号内，它的聚合度 n 写在方括号外的右下角，如聚乙烯结构简式写为：

$$\{CH_2-CH_2\}_n$$

链节　　　　　　聚合度

聚合物的平均相对分子质量＝链节的相对质量 $\times n$

聚戊二酸丙二醇酯（PPG）是一种可降解的聚酯类高分子材料，在材料的生物相存性方面有很好的应用前景。PPG 的一种合成路线如下：

已知：

① 烃 A 的相对分子质量为 70，核磁共振氢谱显示只有一种化学环境的氢；

② 化合物 B 为单氯代烃；化合物 C 的分子式为 C_5H_8；

③ E，F 为相对分子质量差 14 的同系物，F 是福尔马林的溶质；

④ $R_1CHO + R_2CH_2CHO \xrightarrow{\text{稀 NaOH}}$ （图）。

回答下列问题：

（1）A 的结构简式为_____。

（2）由 B 生成 C 的化学方程式为_____。

（3）由 E 和 F 生成 G 的反应类型为_____，G 的化学名称为_____。

（4）① 由 D 和 H 生成 PPG 的化学方程式为_____。

② 若 PPG 平均相对分子质量为 10000，则其平均聚合度约为_____（填标号）。

a.48　　b.58　　c.76　　d.122

（5）D 的同分异构体中能同时满足下列条件的共有_____种（不含立体异构）；

① 能与饱和 $NaHCO_3$ 溶液反应产生气体

② 既能发生银镜反应，又能发生皂化反应

其中核磁共振氢谱显示为 3 组峰，且峰面积比为 6∶1∶1 的是____（写结构简式）；D 的所有同分异构体在下列一种表征仪器中显示的信号（或数据）完全相同，该仪器是_____（填标号）。

a. 质谱仪　　b. 红外光谱仪　　c. 元素分析仪　　d. 核磁共振仪

【答案】

（1）

（2）

（3）加成反应　　3–羟基丙醛（或 β–羟基丙醛）

（4）①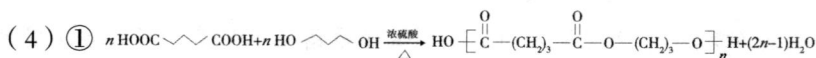

② b

（5）5　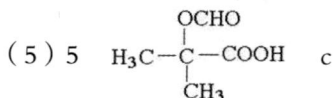　c

案例 6.（2014 年全国 Ⅱ 卷 38 题）素材源自苏教版选修 5–P65 第 5 题。

5. 右图所示为立方烷的结构。请写出立方烷的分子式，并判断其一氯代物和二氯代物分别有多少种异构体。

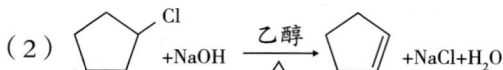

立方烷（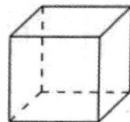）具有高度的对称性、高致密性、高张力能及高稳定性等特点，因此合成立方烷及其衍生物成为化学界关注的热点。下面是立方烷衍生物 I

的一种合成路线：

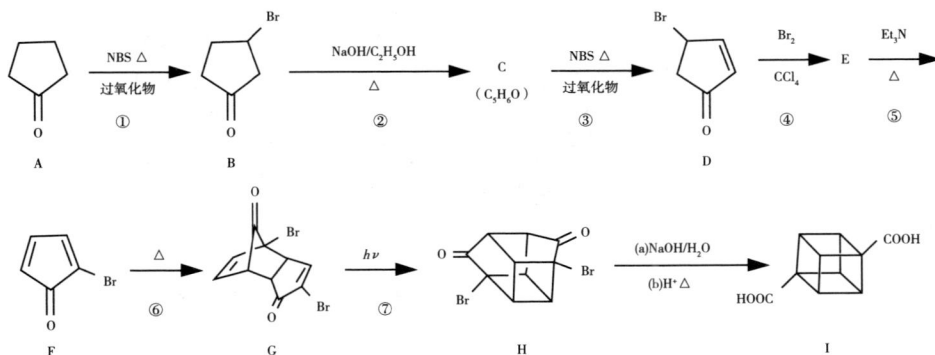

回答下列问题：

（1）C的结构简式为＿＿＿＿＿＿＿＿＿＿＿，E的结构简式为＿＿＿＿＿＿＿＿＿＿。

（2）③的反应类型为＿＿＿＿＿＿＿＿＿＿，⑤的反应类型为＿＿＿＿＿＿＿＿＿＿。

（3）化合物A可由环戊烷经三步反应合成：

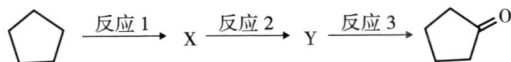

反应1的试剂与条件为＿＿＿＿＿＿＿＿；反应2的化学方程式为＿＿＿＿＿＿＿＿＿＿；反应3可用的试剂为＿＿＿＿＿＿＿＿＿＿＿＿＿＿＿。

（4）在I的合成路线中，互为同分异构体的化合物是＿＿＿＿＿＿＿＿＿＿（填化合物代号）。

（5）I与碱石灰共热可转化为立方烷。立方烷的核磁共振氢谱中有＿个峰。

（6）立方烷经硝化可得到六硝基立方烷，其可能的结构有＿＿＿＿＿＿＿种。

【答案】

（1）

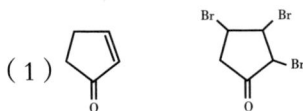

（2）取代反应　　　消去反应

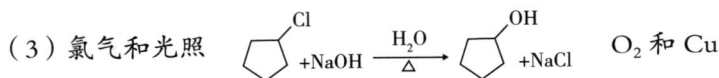

（3）氯气和光照　　O₂和Cu

（4）G和H　　　（5）1　　　（6）3

案例7.（2011年全国Ⅰ卷38题）素材源自鲁科版选修5-P107第3题。

3. 香豆素是一种用途广泛的香料，可用于配制香精以及制造日用化妆品和香皂等。某同学设计的香豆素的合成路线为：

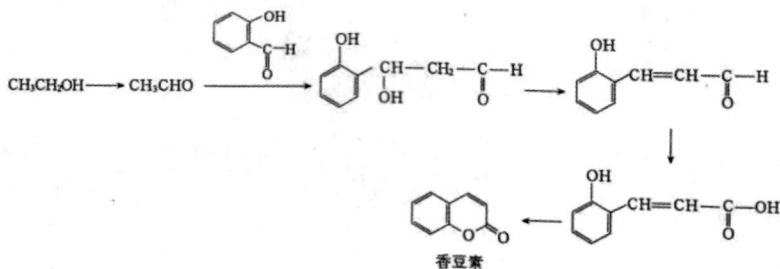

请你指出：在上述合成过程中，碳骨架是通过什么反应构建的？官能团是通过什么反应转化的？

香豆素是一种天然香料，存在于黑香豆、兰花等植物中。工业上常用水杨醛与乙酸酐在催化剂存在下加热反应制得：

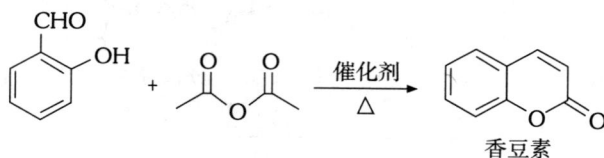

以下是由甲苯为原料生产香豆素的一种合成路线（部分反应条件及副产物已略去）

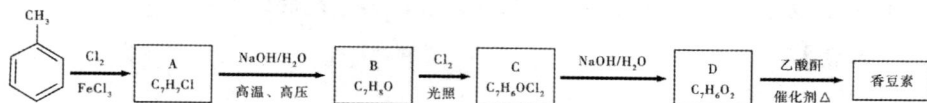

已知以下信息：

①A 中有五种不同化学环境的氢；

②B 可与 $FeCl_3$ 溶液发生显色反应；

③同一个碳原子上连有两个羟基通常不稳定，易脱水形成羰基。

请回答下列问题：

（1）香豆素的分子式为 _____ ；

（2）由甲苯生成 A 的反应类型为 _____；A 的化学名称为 _____；

（3）由 B 生成 C 的化学反应方程式为 _____；

（4）B 的同分异构体中含有苯环的还有 _____ 种，其中在核磁共振氢谱中只出现四组峰的有 _____ 种；

（5）D 的同分异构体中含有苯环的还有 _____ 种，其中：

① 既能发生银镜反应，又能发生水解反应的是 _____（写结构简式）；
② 能够与饱和碳酸氢钠溶液反应放出 CO_2 的是 _____（写结构简式）。

【答案】

（1）$C_9H_6O_2$

（2）取代反应　2-氯甲苯（或邻氯甲苯）

（3）

（4）4　2

（5）4　①
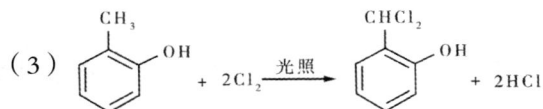
②
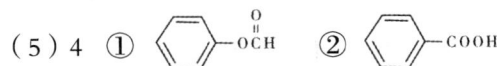

案例 8.（2010 年全国 Ⅰ 卷 38 题）素材与以下两个素材相关：

（1）人教版选修 5-P116 第 2 题。

2.聚碳酸酯的透光率良好，可制作车、船、飞机的挡风玻璃，以及眼镜镜片、光盘、唱片等。原来合成聚碳酸酯的一种原料是用有毒的光气（又称碳酰氯 $COCl_2$），现在改用绿色化学原料碳酸二甲酯（$CH_3O—\overset{O}{\underset{||}{C}}—OCH_3$）与_____缩合聚合而成。

A.二卤化物　　　　　B.二酚类　　　　　C.二醛类　　　　　D.二烯类

（2）苏教版选修5-P81"拓展视野"。

拓展视野

酮

酮类中最简单的是丙酮（C_3H_6O），图4-21所示为丙酮的 ^1H 核磁共振谱图。丙酮是常用的溶剂，它主要来源于异丙苯氧化制苯酚的副产物，在工业上还可以由异丙醇脱氢氧化或丙烯催化氧化获得。丙酮的用途比较广泛，在我国它主要用于合成有机玻璃和制得重要化工原料双酚A（$C_{15}H_{16}O_2$，HO—⬡—$C(CH_3)_2$—⬡—OH）。此外，它在医药行业也有着广泛应用。

环己酮（$C_6H_{10}O$，⬡=O）也是一种经常使用的酮，它常作为生产纤维、树脂、橡胶、石蜡、虫胶、油漆、染料和制药中间体的溶剂，并用于生产合成聚酰胺纤维的重要原料己内酰胺。

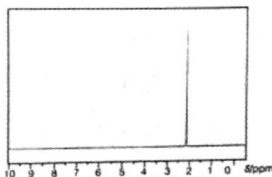

图4-21 丙酮的 ^1H 核磁共振谱图

PC 是一种可降解的聚碳酸酯类高分子材料，由于其具有优良的耐冲击性和韧性，因而得到了广泛的应用。以下是某研究小组开发的生产 PC 的合成路线：

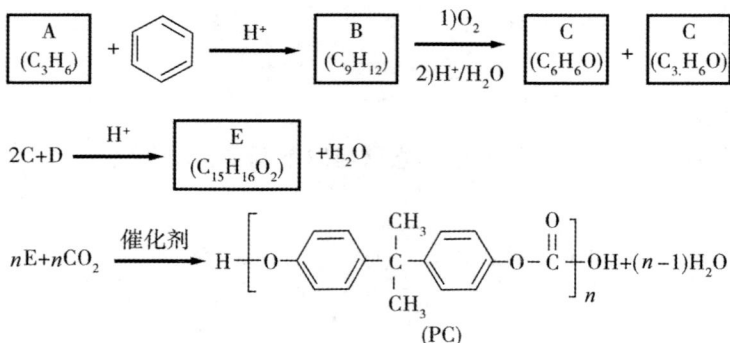

$$\boxed{\begin{array}{c}A\\(C_3H_6)\end{array}} + ⬡ \xrightarrow{H^+} \boxed{\begin{array}{c}B\\(C_9H_{12})\end{array}} \xrightarrow[2)H^+/H_2O]{1)O_2} \boxed{\begin{array}{c}C\\(C_6H_6O)\end{array}} + \boxed{\begin{array}{c}C\\(C_3H_6O)\end{array}}$$

$$2C+D \xrightarrow{H^+} \boxed{\begin{array}{c}E\\(C_{15}H_{16}O_2)\end{array}} +H_2O$$

$$nE+nCO_2 \xrightarrow{催化剂} H\left[O-⬡-\underset{CH_3}{\overset{CH_3}{C}}-⬡-O-\overset{O}{C}\right]_n OH+(n-1)H_2O$$

(PC)

已知以下信息：

① A 可使溴的 CCl_4 溶液褪色；

② B 中有五种不同化学环境的氢；

③ C 可与 $FeCl_3$ 溶液发生显色反应；

④ D 不能使溴的 CCl_4 溶液褪色，其核磁共振氢谱为单峰。

请回答下列问题：

（1）A 的化学名称是_____；

（2）B 的结构简式为_____；

（3）C 与 D 反应生成 E 的化学方程式为_____；

（4）D 有多种同分异构体，其中能发生银镜反应的是_____（写出结构简式）；

（5）B 的同分异构体中含有苯环的还有_____种，其中在核磁共振氢谱中出现两组峰，且峰面积之比为 3∶1 的是_____（写出结构简式）。

【答案】

（1）丙烯

（2）

（3）2 $\xrightarrow{\text{H}^+}$ HO 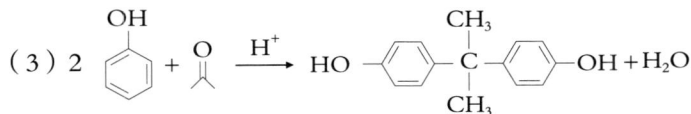 OH + H_2O

（4）CH_3CH_2CHO

（5）7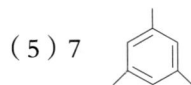

第三章

提高教学效率的命题实践探索

第一节　藏题的策略

　　"讲题、选题、藏题、改题、命题、评题"六大"题能力"是优秀的一线教师和教研员应该具有的素养。其中，藏题为选题和改编试题提供资源，这也是一般教师都能做到的。养成良好的收藏试题的习惯和方法，才能在想用哪道题或哪个类型的试题时，快速在电脑中随时找到。最好的试题资源应是每年全国各地的高考真题。因此，要做好历年高考试题的分类收藏工作。

　　历年高考试题的分类收藏工作，笔者推荐使用广州市教研院化学科的方法。2017 年广州市教研院化学科组织教师编制、整理、校对了 2007 年 ~2017 年全国各省（市）新课标高考化学试题电子文本，并对试题的某些要素进行了标注（试题标志）。该电子文本具备较好的检索功能。以后逐年向其中分类增加试题。这促进了教师对高考试题的研究和有效利用。将优质的试题资源进行精加工，转化为优质的教学资源和训练资源，也是在选题和改编试题方面做了非常有益的探索。

　　试题标志要素及说明见表 3-1-1。我们可充分利用 Excel 软件的筛选功能检索所需的高考试题。只要将 Excel 文件和 Word 文件置于同一文件夹中，Excel 文件中的链接可直达 Word 文件中的试题。笔者认为这是最好的藏题方式。

表 3-1-1　试题标志

一级要素	二级要素	备注
题型	选择题	用于检索主要的题型，以及必考题和选考题
	无机综合题	
	反应原理题	
	实验探究题	
	有机化学题	
	物质结构题	
	化学技术题	
难度	较易	
	中等	
	较难	
物质考点	碱金属	用于检索涉及某种元素及其化合物的试题
	碱土金属	
	铁系	
	铜族	
	硼族	
	碳族	
	氮族	
	氧族	
	卤族	
	烃	
	衍生物	
	高分子	
原理考点	离子反应	用于检索涉及某些核心化学原理的试题
	氧化还原反应	
	物质结构	
	元素周期律	
	化学反应速率	
	化学平衡	
	反应热	
	电化学	
	化学计算	用于检索考查化学计算的试题

续 表

实验考点	仪器与操作	用于检索考查实验常识、基本操作的试题
	溶液配制	
	现象、结果分析	用于检索实验题的两种基本属性，其一是实验过程已呈现，学生以分析解释为主，其二是学生提出实验方案
	实验设计	
	物质组成探究	用于检索实验题的四项基本内容
	物质性质探究	
	物质制备探究	
	原理规律探究	
表达形式	数据表	用于检索有显著特征的试题信息呈现形式
	坐标图	
	流程图	
	装置图	
	物质结构模型	
	实验记录表	
	解释类文字表述	用于检索包含对学生答题要求较高的两个设问形式的试题
	方案类文字表述	

表3-1-2 电子文档的界面

物质考点	限选关键词 原理考点	实验考点	表达形式
碱金属	离子反应	仪器与操作	数据表
碱土金属	氧化还原反应	溶液配制	坐标图
铁系	物质结构	现象、结果分析	流程图
铜族	元素周期律	实验设计	装置图
硼族	化学反应速率	物质组成探究	物质结构模型
碳族	化学平衡	物质性质探究	实验记录表
氮族	反应热	物质制备探究	解释类文字表述
氧族	电化学	原理规律探究	方案类文字表述
卤族	化学计算		
烃			
衍生物			
高分子			

原始	试题编号	物质考点	原理考点	实验考点	表达形式	链接地址
1695	2018天津06	氮族	化学平衡		坐标图	2018天津06
1696	2018天津07	碳族	元素周期律；物质结构		流程图	2018天津07
1697	2018天津08	衍生物			流程图	2018天津08
1698	2018天津09	氮族	化学计算；氧化还原反应	物质组成探究	流程图；装置图	2018天津09
1699	2018天津10	碳族	化学平衡；反应热；电化		数据表；坐标图；装置图	2018天津10
1700	2018江苏					2018江苏

第二节　选题的策略

在实际教学中，师生通过习题训练共同进行分析、讲评、研讨，是教师最常用的教学设计。

教学中习题教学占有一定的比例。对于一线教师来说，由于时间的限制，他们很多时候只能选择试题来为自己的教学服务。教师在课堂教学中往往通过讲解、练习和总结习题来有效帮助学生巩固基础知识，加深对化学原理的理解，从而提高学生的解题能力。因此，要想提高化学教学的质量，上好习题课是非常重要的。教师要精选习题，要让挑选的每一道习题都具有代表性，都能给学生启示，使得学生的解题思维能力得到提高，学习成绩也跟着上升，这样教师的习题教学才更有效。然而，目前教师在选题时普遍会选择教学辅导资料的例题或者沿用以往的复习资料，忽视了学生的实际情况。为了提高习题课教学的效率，教师应该精选有效题和高效题。

选题就是要能辨识出哪个试题好，哪个试题不好，会根据需要选择典型的试题。不同的试题对巩固知识、发展学生的认识作用是不同的。当然，新课、复习课教学的试题和考试的试题的功能也是不一样的，其内容和形式也会不同。终结性考试的试题或升学考试试题，主要的功能是测试诊断、甄别等级，为分层或选拔提供依据，而平时训练的试题，目的是复习巩固基础知识。教师可以选择不同类型的试题，实现试题的多样化，增加实践题和开放题的比例。

一、选题的方法

结合多年教学实践，笔者认为，在习题教学中想要精选有效题和高效题，应从以下三个方面入手。

（一）在习题讲解的时候要选择"经典题"

在历年的化学考试中都会有一些经典题目，这类题目通常包含了化学的主要知识和核心知识，通过这些题目可以考查学生的化学学科的能力。这类

试题一般命题技术成熟，具有代表性，考查点宽，容易贯穿整个学科内容，而且在考试中出现的时候一般都是具有高区分度的，在大型考试中出现的频率是很高的。这类考题内容广泛，如阿伏加德罗常数、离子共存、氧化还原反应规律、元素周期律、化学平衡、水解与电离、电化学等，一般会出现工艺（或实验）流程题、有机推断题、科学探究题等。教师在选择习题复习的时候要经常选用这样类型的习题进行讲解。教师在习题讲解的时候要注重知识的拓宽和延伸，不仅让学生掌握基础知识，而且要让学生掌握学习方法，学会举一反三，提高复习的效率。

例如：X，Y，Z 和 R 分别代表四种元素。如果 $_aX^{m+}$，$_bY^{n+}$，$_cZ^{n-}$，$_dR^{m-}$ 四种离子的电子层结构相同（a，b，c，d 为元素的原子序数），则下列关系正确的是（　　）。

A. $a-c=m-n$ B. $a-b=n-m$

C. $c-d=m+n$ D. $b-d=n+m$

【解析】这四种微粒具有相同电子层结构即具有相同的核外电子数，阳离子的核外电子数＝质子数（原子序数）－离子所带电荷数；阴离子核外电子数＝质子数（原子序数）＋离子所带电荷数，由此得：$a-m=b-n=c+n=d+m$，然后分别根据选项涉及之元素审视。

选项 A 涉及 $a-m=c+n$，变形后为 $a-c=m+n$，故 A 不正确；

选项 B 涉及 $a-m=b-n$，变形后为 $a-b=m-n$，故 B 也不正确；

选项 C 涉及 $c+n=d+m$，变形后为 $c-d=m-n$，故 C 仍不正确；

选项 D 涉及 $b-n=d+m$，变形后为 $b-d=m+n$，与选项 D 结论一致。

【答案】D

【评述】通过这样一道经典例题的选取，学生能够很好地掌握有关原子的组成及质子数、核外电子数与微粒所带电荷数的相互关系。

（二）在习题讲解的时候要选择"变式题"

在化学复习中最常见的是题海战术，其实这样的战术不但复习效率低，而且学生很容易对习题产生厌倦，从而讨厌化学复习，这对学生的复习是非常不利的。如果教师注重对习题进行变式训练，就可以减轻学生的学习负担，让学生避免题海战，同时提高学生学习的兴趣。习题变式训练不但能使学生轻松地掌握基础知识，同时能提高学生的思维能力和逻辑能力。在变式习题训练的时候，教师要对变式习题教学有一个目标，要对变式题的情景、条件和结论等多层次、多角度地编制变式问题。另外，教师要根据学生普遍存在的问题，进行重点的变式教学，让全体学生都能够有效地参与变式教学。

例如：向含有 AgI 的饱和溶液中加入 AgBr 固体，Ag^+ 的浓度变化如何？

【解析】因为 AgBr 的溶度积比 AgI 的大，所以 AgBr 溶于 AgI 的饱和溶液中并使 AgI 的平衡左移，故 I^- 浓度减少，但 Ag^+ 浓度增加。此外，用勒夏特列原理的"平衡移动只可以减弱，不可以抵消"也能解释。

变式（1）：往 AgI 饱和溶液里面加入 AgI 固体，Ag^+ 的浓度变化如何？

【解析】新加入的固体会溶解，但是也有已溶解的固体析出，因此整体上浓度不会变化。

变式（2）：往 AgBr 的饱和溶液里面加入 AgI 固体，Ag^+ 的浓度变化如何？

【解析】新加入的 AgI 会溶解，同时有 AgBr 析出，故溶液中 Ag^+ 浓度增大，Br^- 浓度减小。

【评述】总之，通过这样循序渐进的过程，能够帮助学生深刻理解关于溶解度和电离平衡的知识。

（三）在习题讲解的时候要选"能力题"

考查学生化学学科的能力主要是考查学生接收、吸收和整合化学信息的能力，考查学生分析化学问题和解答化学问题的能力、化学实验能力。因此，教师在化学复习教学中，要想办法帮助学生理清化学的基本概念，在让学生理解化学原理的基础上，注重对学生进行一些能力习题的训练。同时，通过对学生化学实验能力的培养，激发他们学习化学的兴趣，促进他们对化学学习方法的改变，从而提高学习效率，培养创新、实践精神。

教师在化学教学的习题选择上，一定要关注《考试大纲》的要求和高考改革的方向，同时要关注学生的实际学习情况，精选习题，开展灵活多样的习题训练和讲评，分层次地对学生进行习题训练，及时反馈、反思，提高学生解题能力，使得习题教学有效且高效。

二、选题的"四忌"

在选择习题的时候，为了避免选择无效题和低效题，要做到四忌。

（一）忌选取超出《考试大纲》的习题

在高考前，教育部颁布的《考试大纲》或各省教育招生考试部门颁发的《考试说明》是高考命题的重要依据，同时是教师在复习教学中参考的最高标准。一旦教学选择的习题超出了《考试大纲》的范围，就会加重学生的复习负担，浪费教师和学生的复习时间，也使得复习教学没有效率。而教师普遍喜欢选择教学辅导资料的例题或者沿用以往的复习资料，缺乏对《考试大纲》或《考试说明》的研究。一旦教学内容更新改编，那么《考试大纲》就会有所改变，如果教师还是一味沿用旧资料和习题进行复习，就会出现"超提纲"的现象。

（二）忌选取"杜撰题"作为教学习题

随着我国经济的发展，教辅市场也在不断壮大，五花八门的辅导资料层出不穷。一方面，这些辅导资料给教师和学生选择复习资料和习题的时候提供了更多可能；另一方面，由于市场鱼龙混杂，很多辅导资料都存在着胡编

乱造的现象。很多试题"以讹传讹"地存在市场多年，要避免教师将这些"杜撰题"应用到复习教学中去，影响学生的复习效率。教师要对复习习题进行仔细甄选，选择真正能够提高学生解题思维能力的代表性习题。

（三）忌选偏题、怪题作为习题讲解

在传统的教学中，教师忽视《考试大纲》的要求和学生的实际学习情况，依赖自己多年的教学复习经验，选取一些不符合《考试大纲》，也不符合学生认知规律的偏题、怪题，以为这样的偏、怪题能"吊"学生的"胃口"，引起学生学习的兴趣。事实上，这类偏、怪题，要么是难度系数过大，要么是计算过于复杂，而且题目的立意也过偏，它们对学生的复习是没有帮助的，会使学生的复习低效，还可能导致学生一味地追求难题和怪题的复习，忽略了对基础知识的复习，这样对学生的复习是不利的。因此，在化学习题教学中教师要认真地研究实际考情和学生的实际学习情况，把握高考的方向，从学生的实际情况出发，多选择一些注重基础、适合学生认知能力和水平的试题，从而使习题复习更加有效，学生更加主动地去复习，提高学习效率。

（四）忌选"争议题"作为教学习题

在很多教辅资料中会出现一些考查目标不明确、考查的内容存在一定争议的"争议题"。这类"争议题"一旦被引用到课堂教学中，对学生的复习是没有好处的，还会固化学生的思维方式，甚至引起学生的思维混乱，使学生感觉学习无从下手，不知道该从哪个方面去把握这类习题。因此，教师在习题讲解的时候要注意避免选择这样的"争议题"。

第三节　试题改编的策略

　　基于教学基本要求的《课程标准》和《考试大纲》，广泛收集近十年全国各地的高考试题和模拟试题，以及《化学教育》《化学教学》《化学教学参考》等学科核心期刊中的试题，然后组织教师按照内容模块对试题进行分类整理，每位教师选择一或两个内容领域，筛选试题，最后对新颖、典型的试题进行对比研究。例如，我们对实验探究题进行比较研究认为，一道有效的实验探究题不应是对教材探究过程的重复，不应是学生有可能在各类教辅书上见过的陈题，至少应该是教材中实验的改编题。这样可避免学生通过背实验来解决问题，让学生有现场的探究行为才能真正达到考查学生探究能力的目的，对教学起到良好的导向作用。

一、试题改编的技巧

　　习题应该既要全面，以利于知识技能的巩固，又要具有代表性、典型性，能将知识间的逻辑关系呈现出来，能体现科学方法和学科思维的渗透。高中三个年级的习题选择方向因各自教学任务和目的不同而有所不同：高一以巩固基础知识为主，通过习题体现化学与生活生产的密切联系，既夯实基础又增强学习兴趣；高二以培养解题思维能力为主，通过习题帮助学生发现问题、分析问题，如何建立解题步骤，如何规范答题，逐步形成科学的解题思维方法；高三以完善解题思维与答题规范为主，题目设计做到立意科学、设问巧妙、适度开放，把培养思维能力和训练解题技巧有机地结合起来。为了适应高考的新要求、新动向，应特别重视对近几年具有科学性和权威性的各地高考试题再利用，也可以通过习题引导学生回归课本，起到引领学生熟悉课本的作用。

　　探究各地优秀的高考试题和模拟试题改编的技巧，把外地资源变为适合自己的资源，重点应该放在"如何改"。实践中需要教师在重构试题时思考：选择题的选项如何改编，大题的题型如何改编。争取一份卷的改编题占80%~85%，15%左右是原创试题。对试题的改编我们从删减、嫁接、重组等方

面思考。

二、试题改编的案例

案例 1. 核磁共振氢谱图的应用

人教版选修 5 第 22 页描述："处在不同化学环境中的氢原子因产生共振时吸收电磁波的频率不同，在谱图上出现的位置也不同，各类氢原子的这种差异被称为化学位移 δ；"。也就是说核磁共振氢谱图是二维图，但笔者平时到校听课调研时发现老师们讲课都只讲峰的面积和种类，忽略了峰所在位置的位移变量，认为两种不同的有机物，当氢原子的种类和数目相同时，核磁共振氢谱无法鉴别两种有机物，很多教辅资料上也是这样错误的结论。全国高考曾经考了这个问题。为了纠正老师们的这一偏差，笔者在 2015 学年第二学期区域性期末统考的命题中改编了高考试题。D 选项原型来自一道高考题中的一个选项。

3. 下列有关有机物的分离、提纯、鉴别的方法不正确的是（　　）。

A. 用蒸馏的方法除去丁醇中的乙醚

B. 用分液的方法分离乙酸乙酯和乙醇

C. 用 Na_2CO_3 溶液鉴别乙酸和乙酸乙酯

D. 用核磁共振氢谱鉴别 $CH_3COOCH_2CH_3$ 与 $CH_3CH_2COOCH_3$

学生答题情况如下：

选 A 率	选 B 率	选 C 率	选 D 率
3.4%	22.4%	3.7%	70.5%

考查的结果全区平均分：0.56 ，全区难度：0.22 。在选项设置时，把明显错误的选项放在 B，但 70% 的学生还是错选 D，这说明他们没有掌握核磁共振氢谱图是二维图，有位移。

案例2.改编试题突破学生的已有认知与实验试题情境冲突

实验题是全国高考试卷必考题，每年占14，15分。分析高考实验题，可以明晰实验题考查的方向。对2014年~2017年四年高考全国Ⅰ，Ⅱ，Ⅲ卷共12套题分析可知，其中涉及新情境问题主要体现在以下试题中。

	2014年	2015年	2016年	2017年
Ⅰ卷	26（1）（6）		26（2）	26（3）（4）
Ⅱ卷	26（1）（5）	28（3）		26（1）
Ⅲ卷			26（3）（4）	

分析可见：2014年和2015年注重考查气体压强的变化，防倒吸问题，草酸、氨气和二氧化氮的反应；2016年和2017年则注重知识背景和装置创新（样本少）。由此可见，实验题中的新情境问题属于高频考点，甚至在一道题中出现多次，主要是结合装置问题进行分析或进行知识点迁移两种主要形式。复习中，学生通过我们改编的试题能很好地突破已有认知与实验情境冲突问题。

高三实验复习中突破学生的已有认知与实验试题情境冲突的策略

（案例提供　广州市第五中学　杨雨）

【引出问题】

硫代硫酸钠（$Na_2S_2O_3$）又名大苏打、海波，主要用于照相业做定影剂，做鞣革时，重铬酸盐的还原剂，易溶于水，遇酸易分解。其工艺制备流程如下：

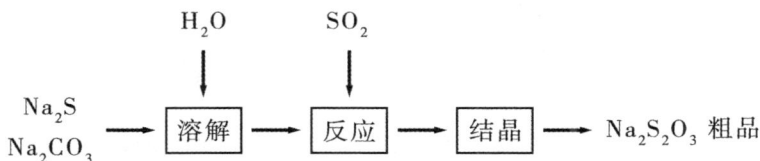

$$Na_2S \atop Na_2CO_3 \longrightarrow 溶解 \xrightarrow{H_2O} 反应 \xrightarrow{SO_2} 结晶 \longrightarrow Na_2S_2O_3 粗品$$

某化学兴趣小组同学模拟该流程设计了如下实验装置：

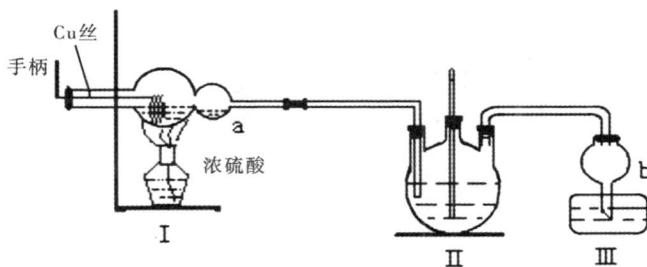

回答下列问题：

（1）a 处可用来检验 I 中的反应是否发生，选用的试剂是_____，若要停止 I 中的化学反应，除停止加热外，还要采取的操作是_____。

（2）仪器 b 的名称是_____，其作用是_____。

一、实验题中的陌生情境在装置图上的体现

装置图是快速理解实验过程中反应顺序的图形形式，近几年高考实验题在创新方面的引领一直不遗余力，尤其体现在装置图上，由过去的"似曾相识"到现在的"似是而非"，陌生度很大。

（一）拼装式

例如：2013 年全国 I 卷 26 题制备环己烯。看到目的的时候想到由乙醇制备乙烯，结果一看到装置图，又好像蒸馏装置，经过这样的分析之后能够理解题意是将产物及时蒸出，可以使平衡右移，提高产率。

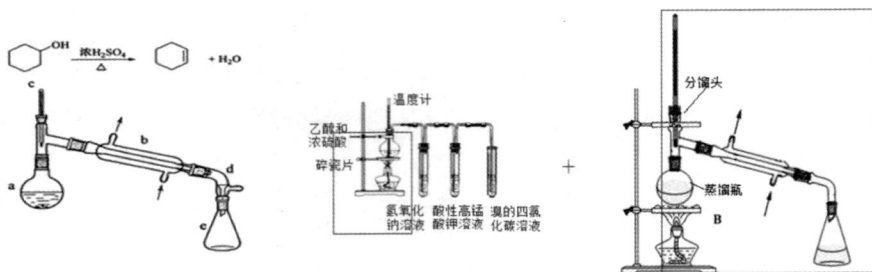

【练习】你知道 2013 年全国 II 卷 26 题的图是由什么拼装出来的吗？在这套装置图中既要完成加料，控制反应液的温度，又要控制蒸馏的温度。

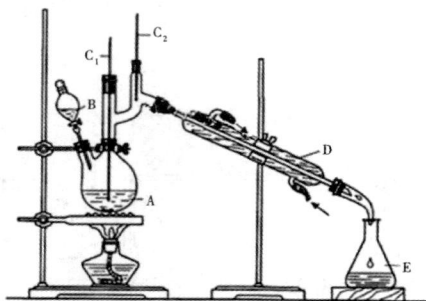

【答案】

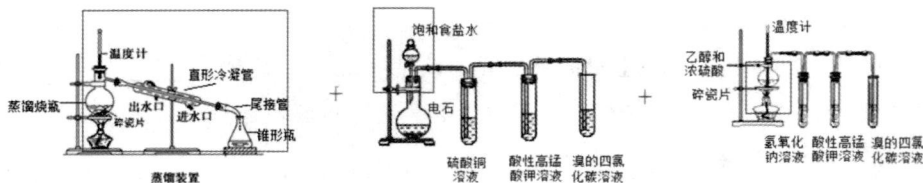

（二）截取式

例如：2014 年全国 Ⅰ 卷 26 题图截自人教版选修 5 有机合成的图示（在有机合成一节的教材中，专门给出如下（左）图，便于在有机合成中进行加液、控温、回流。这道题的考点就是球形冷凝管的冷凝回流的应用）。

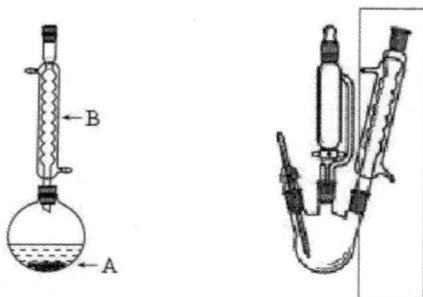

人教版选修5-P64的有机合成图示

再如：2017 年全国 Ⅰ 卷 26 题（虽然在刚学习漏斗的时候知道漏斗主要是用来过滤和向酒精灯中加入酒精，如果理解了选修 4 的教材中突破性地使用漏斗向锥形瓶中加入二氧化锰固体，其实就不难理解本题可以加入液体了）。

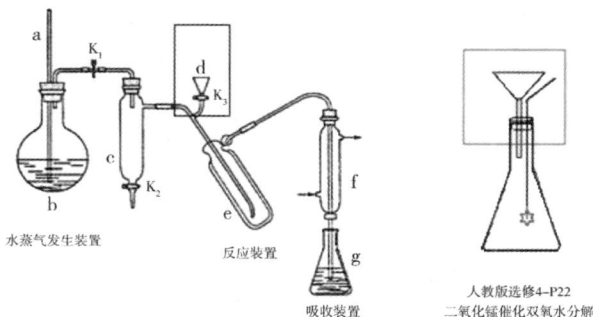

水蒸气发生装置　　　　　反应装置　　　　吸收装置

人教版选修4-P22
二氧化锰催化双氧水分解

（三）替代式

所谓替代式，就是我们见过的仪器或装置在试题中以不同形式呈现，但是起着相同的作用。这是目前高考题中创新意识的体现，也是近几年装置图中的常用手段。因此，见到不同的装置图，我们是不是要想方设法把它"翻译"成我们常见的装置来降低题目的陌生度呢？

其实，在教学过程中我们已经尝试用不同的装置来完成同一个实验，学生能够分析出来装置中的每部分仪器所起的作用，就能够理解新装置。例如，初中介绍氢气制备的时候引入了启普发生器，后来改成启普发生器的简易装置。再如，铁与水蒸气的反应，可以用如下的两套装置，但是教材选用了第二套装置。

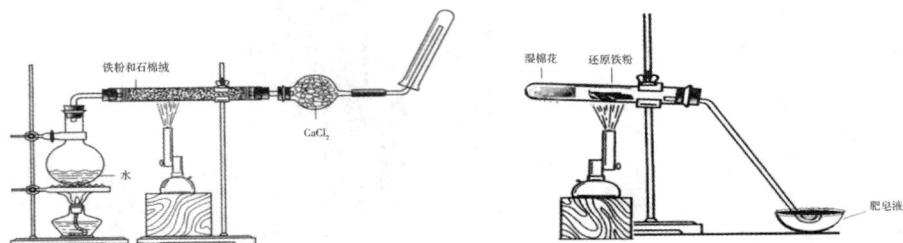

高考中依然秉承着创新意识，既能更好地完成实验，又对一线教学的创新意识有着引领作用。例如：

2015年全国Ⅱ卷28题　　　　　　　　变形前

这样就可以变成我们熟悉的形式，试题中的玻璃液封管是装置中气体最后的走向，应该起到进一步处理尾气的作用，防止 ClO_2 的逸出，使其继续被吸收，起到保证测定结果准确的作用。我们不会想到这种形式是因为觉得变形前的这个装置的玻璃工艺非常麻烦，而且吸收液也不好直接流入锥形瓶中，还是要等实验结束后再倒入。但是，这样一个新的装置，学生第一次接触会吓一跳，以为是分液漏斗。因此，陌生装置的分析就要从其作用入手，发挥什么作用，常见的仪器是什么，为什么要替代它，这样就可以解决问题了。

那么我们再来看看 2017 年全国 I 卷的实验题吧，你能把它恢复成熟悉的模样吗？

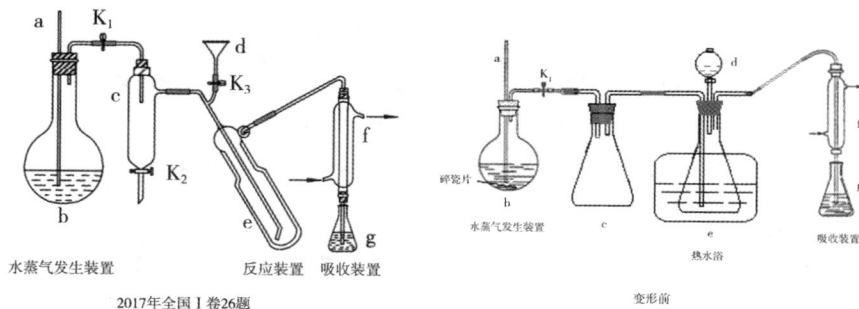

水蒸气发生装置　　　　反应装置　吸收装置

2017年全国 I 卷26题

水蒸气发生装置　　　　　热水浴　　　吸收装置

变形前

跟踪练习：研究下列仪器的作用，并且联想到常用仪器，总结创新装置的优点。

1.（2014 年北京 27 题）碳、硫的含量影响钢铁性能。碳、硫含量的一种测定方法是将钢样中碳、硫转化为气体，再用测碳、测硫装置进行测定。

（1）采用装置 A，在高温下 x 克钢样中碳、硫转化为 CO_2，SO_2。

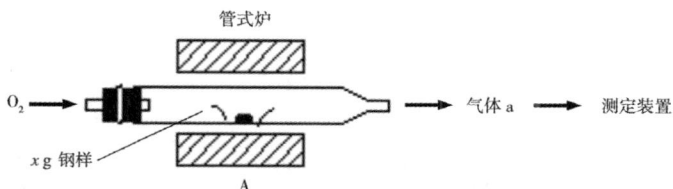

管式炉

O_2 →　　　　　　　　　→ 气体a →　测定装置

x g 钢样

A

（2）将气体 a 通入测硫装置中（如下图），采用滴定法测定硫的含量。

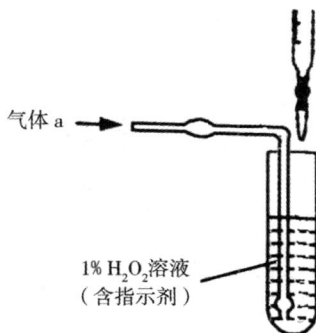

气体a →

1% H_2O_2 溶液
（含指示剂）

（3）将气体 a 通入测碳装置中（如下图），采用重量法测定碳的质量。

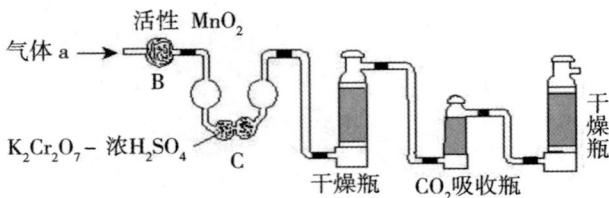

2.（2014 年浙江 28 题）葡萄糖酸钙是一种可促进骨骼生长的营养物质。葡萄糖酸钙可通过以下反应制得：

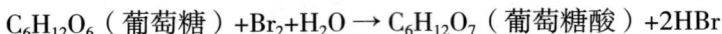

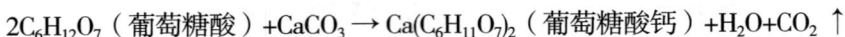

$C_6H_{12}O_6$（葡萄糖）$+Br_2+H_2O \rightarrow C_6H_{12}O_7$（葡萄糖酸）$+2HBr$

$2C_6H_{12}O_7$（葡萄糖酸）$+CaCO_3 \rightarrow Ca(C_6H_{11}O_7)_2$（葡萄糖酸钙）$+H_2O+CO_2\uparrow$

相关物质的溶解性见下表：

物质名称	葡萄糖酸钙	葡萄糖酸	溴化钙	氯化钙
水中的溶解性	可溶于冷水、易溶于热水	可溶	易溶	易溶
乙醇中的溶解性	微溶	微溶	可溶	可溶

实验流程如下：

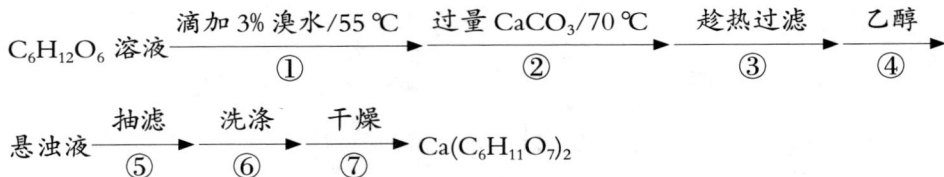

请回答下列问题：

（1）第①步中溴水氧化葡萄糖时，下列装置最合适的是 _____。

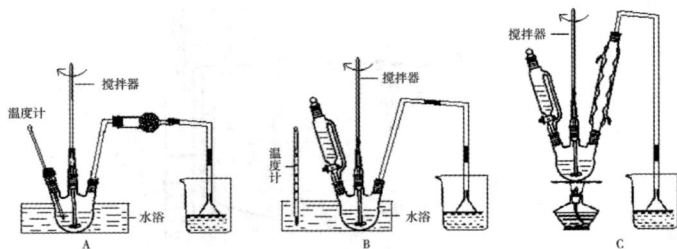

【答案】略

3. （2014年海南17题）硫代硫酸钠（$Na_2S_2O_3$）可用作分析试剂及鞣革的还原剂，它受热、遇酸易分解。工业上可用反应：$2Na_2S+Na_2CO_3+4SO_2 \underline{\quad\quad} 3Na_2S_2O_3+CO_2$ 制得，实验室模拟该工业过程的装置如图所示，回答下列问题。（问题略）

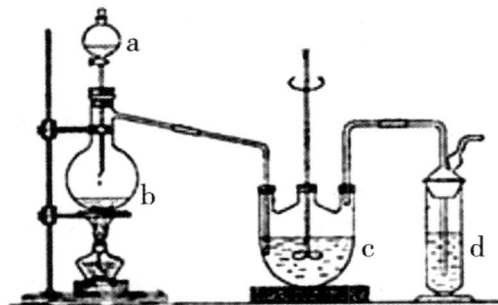

4. （2013年天津09题）$FeCl_3$在现代工业生产中应用广泛。某化学研究性学习小组模拟工业生产流程制备无水 $FeCl_3$，再用副产品 $FeCl_2$ 溶液吸收有毒的 H_2S。

Ⅰ. 经查阅资料得知：无水 $FeCl_3$ 在空气中易潮解，加热易升华。他们设计了制备无水 $FeCl_3$ 的实验方案，装置示意图（加热及夹持装置略去）及操作步骤如下：

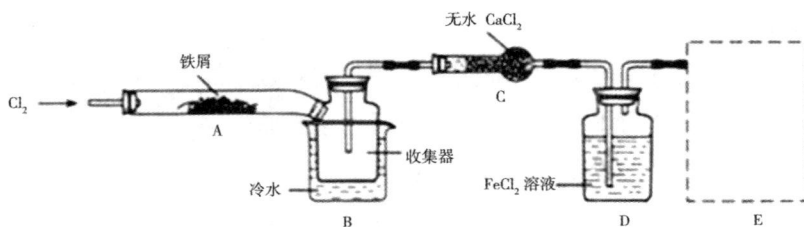

二、实验题中的陌生情境在知识点上的体现

在实验题的考点上，更是体现了知识迁移的重要性，高考不能脱离我们的教材，不能脱离我们的《考试大纲》，而我们一直在复习的往往就是需要深入理解的内在核心，高考考题就是它的外在呈现形式。

（一）关于装置体系中的气体性质

Ⅰ.已有知识：气体溶解度随温度的升高而减小，随压强的增大而增大。

迁移应用：

1.（2017 年全国Ⅱ卷 28 题）（1）取水样时应尽量避免扰动水体表面，这样操作的主要目的是_____。

蒸馏水必须经过煮沸、冷却后才能使用,其目的是杀菌、除___及二氧化碳。

2.（2016 年全国Ⅲ卷 26 题）

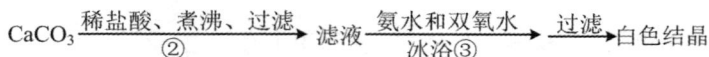

$$CaCO_3 \xrightarrow[②]{稀盐酸、煮沸、过滤} 滤液 \xrightarrow[冰浴③]{氨水和双氧水} \xrightarrow{过滤} 白色结晶$$

（3）步骤②的具体操作为逐滴加入稀盐酸，至溶液中尚存有少量固体，此时溶液呈_____（填"酸""碱"或"中"）性。将溶液煮沸，趁热过滤。将溶液煮沸的作用是_____。

3.（2015 年福建 25 题）某化学兴趣小组制取氯酸钾和氯水并进行有关探究实验。

实验三　测定饱和氯水中氯元素的总量

（4）该小组设计的实验方案为：使用如图装置，加热 15.0 mL 饱和氯水试样，测定产生气体的体积。此方案不可行的主要原因是_____。（不考虑实验装置及操作失误导致不可行的原因）

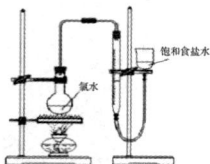

Ⅱ.已有知识：装置内气体压强过大或过小都会造成安全隐患。

迁移应用：

1.（2017年全国Ⅰ卷26题）凯氏定氮法是测定蛋白质中氮含量的经典方法，其原理是用浓硫酸在催化剂存在下将样品中有机氮转化成铵盐，利用如图所示装置处理铵盐，然后通过滴定测量。

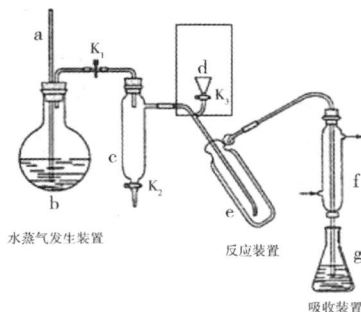

已知：$NH_3+H_3BO_3=NH_3 \cdot H_3BO_3$；$NH_3 \cdot H_3BO_3+HCl=NH_4Cl+ H_3BO_3$。

回答下列问题：

（1）a的作用是_____。

（3）清洗仪器：g中加蒸馏水；打开K_1，关闭K_2，K_3，加热b，蒸汽充满管路；停止加热，关闭K_1，g中蒸馏水倒吸进入c，原因是_____；打开K_2放掉水，重复操作2~3次。

2.（2014年山东31题）工业上常利用含硫废水生产$Na_2S_2O_3 \cdot 5H_2O$，实验室可用如下装置（略去部分加持仪器）模拟生成过程。

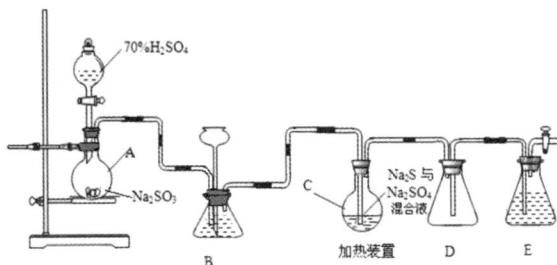

烧瓶C中发生反应如下：

Na_2S（aq）$+H_2O$（l）$+SO_2$（g）$= Na_2SO_3$（aq）$+H_2S$（aq） （Ⅰ）

$2H_2S$（aq）$+SO_2$（g）$= 3S$（s）$+2H_2O$（l） （Ⅱ）

S（s）$+Na_2SO_3$（aq）$\rightleftharpoons Na_2S_2O_3$（aq） （Ⅲ）

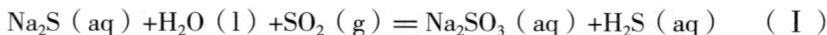

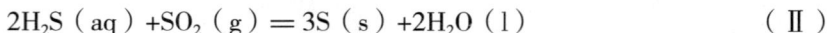

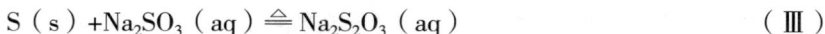

（1）仪器组装完成后，关闭两端活塞，向装置 B 中的长颈漏斗内注入液体至形成一段液柱，若_____，则整个装置气密性良好。装置 D 的作用是_____。装置 E 中为_____溶液。

3.（2016年全国Ⅰ卷26题）氮的氧化物（NO_x）是大气污染物之一，工业上在一定温度和催化剂条件下用 NH_3 将 NO_x 还原生成 N_2，某同学在实验室中对 NH_3 与 NO_x 反应进行了探究。回答下列问题：

（2）氨气与二氧化氮的反应

将上述收集到的 NH_3 充入注射器 X 中，硬质玻璃管 Y 中加入少量催化剂，充入 NO_2（两端用夹子 K_1、K_2 夹好）。在一定温度下按图示装置进行实验。

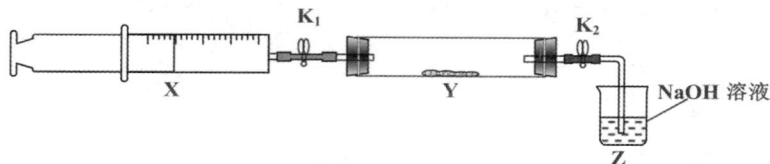

操作步骤	实验现象	解释原因
打开 K_1，推动注射器活塞，使 X 中的气体缓慢通入 Y 管中	① Y 管中_____	②反应的化学方程式_____
将注射器活塞退回原处并固定，待装置恢复到室温	Y 管中有少量水珠	生成的气态水凝集
打开 K_2	③_____	④_____

（二）关于典型定量实验的知识迁移

已有知识：酸碱中和滴定和滴定曲线

迁移应用：

1.（2015 年浙江 29 题）

某学习小组按如下实验流程探究海带中碘含量的测定和碘的制取。

实验（一）　碘含量的测定

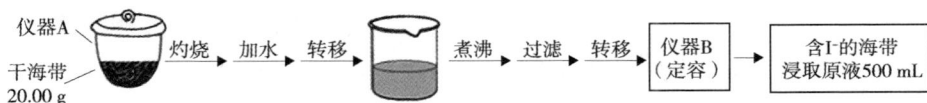

取 0.0100 mol·L^{-1} 的 $AgNO_3$ 标准溶液装入滴定管，取 100.00 mL 海带浸取原液至滴定池，用电势滴定法测定碘含量。测得的电动势（E）反映溶液中 c（I^-）的变化，部分数据如下表：

$V(AgNO_3)$ /mL	15.00	19.00	19.80	19.98	20.00	20.02	21.00	23.00	25.00
E/mV	−225	−200	−150	−100	50.0	175	275	300	325

请回答：

（2）①根据表中数据绘制滴定曲线：

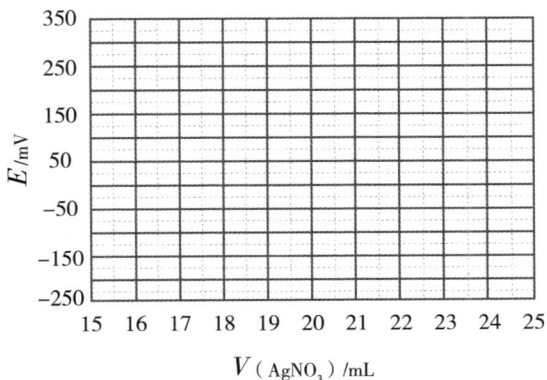

②该次滴定终点时用去 $AgNO_3$ 溶液的体积为 _____mL，计算得海带中碘的百分含量为 _____%。

2.（2017年全国Ⅱ卷28题）水中的溶解氧是水生生物生存不可缺少的条件。某课外小组采用碘量法测定学校周边河水中的溶解氧。实验步骤及测定原理如下：

Ⅰ. 取样、氧的固定

用溶解氧瓶采集水样。记录大气压及水体温度。将水样与 $Mn(OH)_2$ 碱性悬浊液（含有KI）混合，反应生成 $MnO(OH)_2$，实现氧的固定。

Ⅱ. 酸化、滴定

将固氧后的水样酸化，$MnO(OH)_2$ 被 I^- 还原为 Mn^{2+}，在暗处静置5 min，然后用标准 $Na_2S_2O_3$ 溶液滴定生成的 I_2（$2S_2O_3^{2-}+I_2=2I^-+S_4O_6^{2-}$）。

回答下列问题：

（4）取100.00 mL水样经固氧、酸化后，用 a mol·L^{-1} $Na_2S_2O_3$ 溶液滴定，以淀粉溶液做指示剂，终点现象为＿＿＿＿＿＿＿；若消耗 $Na_2S_2O_3$ 溶液的体积为 b mL，则水样中溶解氧的含量为＿＿＿＿＿＿＿＿＿mg·L^{-1}。

（5）上述滴定完成时，若滴定管尖嘴处留有气泡会导致测量结果偏＿＿＿＿＿＿＿＿（填"高"或"低"）。

3.（2015年全国Ⅱ卷28题）（3）用下图装置可以测定混合气中 ClO_2 的含量：

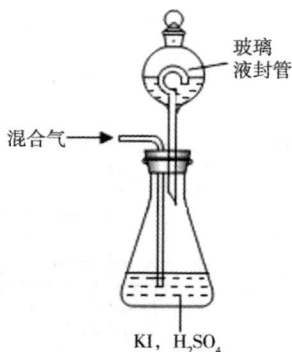

玻璃液封管

混合气→

KI, H_2SO_4

Ⅰ. 在锥形瓶中加入足量的碘化钾，用50 mL水溶解后，再加入3 mL稀硫酸；

Ⅱ. 在玻璃液封装置中加入水，使液面没过玻璃液封管的管口；

Ⅲ. 将一定量的混合气体通入锥形瓶中吸收；

Ⅳ. 将玻璃液封装置中的水倒入锥形瓶中；

Ⅴ. 用 0.1000 mol·L^{-1} 硫代硫酸钠标准溶液滴定锥形瓶中的溶液（$I_2+2S_2O_3^{2-}$=$2I^-+S_4O_6^{2-}$），指示剂显示终点时共用去 20.00 mL 硫代硫酸钠溶液。在此过程中：

③ Ⅴ 中加入的指示剂通常为_____，滴定至终点的现象是_____。

④ 测得混合气中 ClO_2 的质量为_____g。

4.（2016 年浙江 29 题）无水 $MgBr_2$ 可用作催化剂。实验室采用镁屑与液溴为原料制备无水 $MgBr_2$。

（5）为测定产品的纯度，可用 EDTA（简写为 Y^{4-}）标准溶液滴定，反应的离子方程式：$Mg^{2+}+Y^{4-}$=MgY^{2-}。

① 滴定前润洗滴定管的操作方法是_____。

② 测定时，先称取 0.2500 g 无水 $MgBr_2$ 产品，溶解后，用 0.0500 mol·L^{-1} 的 EDTA 标准溶液滴定至终点，消耗 EDTA 标准溶液 26.50 mL，则测得无水 $MgBr_2$ 产品的纯度是_____（以质量分数表示）。

5.（2014 年全国 Ⅱ 卷 28 题）某小组以 $CoCl_2·6H_2O$，NH_4Cl，H_2O_2 和浓氨水为原料，在活性炭催化下，合成了橙黄色晶体 X。为确定其组成，进行如下实验：

① 氨的测定：精确称取 w g X，加适量水溶解，注入如图所示（图略）的三颈瓶中，然后逐滴加入足量 10% NaOH 溶液，通入水蒸气，将样品溶液中的氨全部蒸出，用 V_1 mL c_1 mol·L^{-1} 的盐酸溶液吸收。蒸氨结束后取下接收瓶，用 c_2 mol·L^{-1} NaOH 标准溶液滴定过剩的 HCl，到终点时消耗 V_2 mL NaOH 溶液。

② 氯的测定：准确称取样品 X，配成溶液后用 $AgNO_3$ 标准溶液滴定，K_2CrO_4 溶液为指示剂，至出现砖红色沉淀不再消失为终点（Ag_2CrO_4 为砖红色）。

回答下列问题：

（2）用 NaOH 标准溶液滴定过剩的 HCl 时，应使用_____式滴定管，可使用的指示剂为_____。

（4）测定氨前应该对装置进行气密性检验，若气密性不好，测定结果将_____（填"偏高"或"偏低"）。

（5）测定氯的过程中，使用棕色滴定管的原因是_____，滴定终点时，

若溶液中 $c(Ag^+)=2.0\times10^{-5}\ mol\cdot L^{-1}$，$c(CrO_4^{2-})$ 为_____ $mol\cdot L^{-1}$。[已知：$K_{sp}(Ag_2CrO_4)=1.12\times10^{-12}$]。

（三）元素化合物知识的迁移

Ⅰ.已有知识：侯氏制碱法。

迁移应用：

（2016年全国Ⅲ卷26题）过氧化钙微溶于水，溶于酸，可做分析试剂、医用防腐剂、消毒剂。以下是一种制备过氧化钙的实验方法。回答下列问题：

过氧化钙的制备

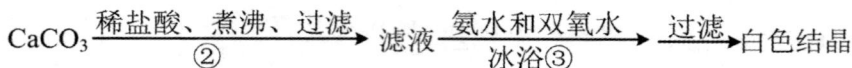

$$CaCO_3 \xrightarrow[②]{稀盐酸、煮沸、过滤} 滤液 \xrightarrow[冰浴③]{氨水和双氧水} \xrightarrow{过滤} 白色结晶$$

（4）步骤③中反应的化学方程式为_____，该反应需要在冰浴下进行，原因是_____。

Ⅱ.已有知识：B 和 Al 元素同族，B 与 Si 为斜对角线关系。

迁移应用：

（2015年全国Ⅰ卷27题）（6）单质硼可用于生产具有优良抗冲击性能的硼钢。以硼酸和金属镁为原料可制备单质硼，用化学方程式表示制备过程___

_____。

Ⅲ.已有知识：二氧化硫中硫元素处于中间价态，易发生氧化反应。

迁移应用：

1.（2014年天津9题）$Na_2S_2O_3$ 是重要的化工原料，易溶于水，在中性或碱性环境中稳定。

（7）$Na_2S_2O_3$ 还原性较强，在溶液中易被 Cl_2 氧化成 SO_4^{2-}，常用作脱氯剂，该反应的离子方程式为_____。

2.（2014年山东31题）（4）反应终止后，烧瓶 C 中的溶液经蒸发浓缩即可析出 $Na_2S_2O_3\cdot 5H_2O$，其中可能含有 Na_2SO_3，Na_2SO_4 等杂质。利用所给

试剂设计实验，检测产品中是否存在 Na_2SO_4，简要说明实验操作、现象和结论：_____。

已知 $Na_2S_2O_3 \cdot 5H_2O$ 遇酸易分解：$S_2O_3^{2-}+2H^+\!=\!=\!S\downarrow+SO_2\uparrow+H_2O$

供选择的试剂：稀盐酸、稀硫酸、稀硝酸、$BaCl_2$ 溶液、$AgNO_3$ 溶液

（四）基础实验操作的知识迁移

已有知识：过滤操作。

知识迁移：

1.（2016 年全国Ⅲ卷 26 题）（2）如图是某学生的过滤操作示意图，其操作不规范的是_____（填标号）。

a. 漏斗末端颈尖未紧靠烧杯壁

b. 玻璃棒用作引流

c. 将滤纸湿润，使其紧贴漏斗壁

d. 滤纸边缘高出漏斗

e. 用玻璃棒在漏斗中轻轻搅动以加快过滤速度

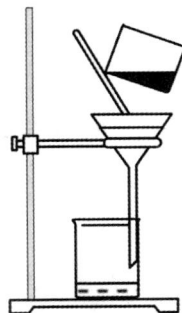

2.（2015 年江苏 19 题）实验室用下图所示装置（装置略）制备 KClO 溶液，并通过 KClO 溶液与 $Fe(NO_3)_3$ 溶液的反应制备高效水处理剂 K_2FeO_4。已知 K_2FeO_4 具有下列性质①可溶于水、微溶于浓 KOH 溶液，②在 0~5 ℃、强碱性溶液中比较稳定，③在 Fe^{3+} 和 $Fe(OH)_3$ 催化作用下发生分解，④在酸性至弱碱性条件下，能与水反应生成 $Fe(OH)_3$ 和 O_2。

（4）提纯 K_2FeO_4 粗产品 [含有 $Fe(OH)_3$，KCl 等杂质] 的实验方案为：将一定量的 K_2FeO_4 粗产品溶于冷的 3 mol·L^{-1} KOH 溶液中，_____（实验中须使用的试剂有：饱和 KOH 溶液，乙醇；除常用仪器外须使用的仪器有：砂芯漏斗，真空干燥箱）。

3.（2016 年江苏 22 题）（3）析出固体的反应液经减压抽滤、洗涤、25~30 ℃干燥，可获得 $Na_2S_2O_5$ 固体。

① 组成减压抽滤装置的主要仪器是布氏漏斗、_____和抽气泵。

以上的分析就是常见高考题中的新情境与已有知识之间的联系，大家在遇到新情境的时候，首先要分析是装置图中的新意还是知识背景中的新意，如果是装置图中的新意，通过分析它与常规装置的区别能够更好地理解题意；如果是知识背景中的新意，需要我们把掌握原理、元素化合物知识、操作等进行符合题意背景的相应迁移去解决问题。

【备注】

1. 回归教材：重点关注教材中的实验、设计装置、原理分析。

2. 知识迁移：常见物质的制备、合成原理，分离、除杂等操作，常见仪器的使用方法。

3. 创新性地使用仪器，设计不同的实验方案完成同一个实验。

三、"二、实验题中的陌生情境在装置图上的体现"的答案

（一）

I

1.（2017年全国Ⅱ卷28题）（1）使测定值与水体中的实际值保持一致，避免产生误差

氧气

2.（2016年全国Ⅲ卷26题）酸　除去溶液中溶解的二氧化碳

3.（2015年福建25题）（4）因存在 Cl_2 的重新溶解、HClO 分解等，此方案无法测算试样含氯总量

II

1.（2017年全国Ⅰ卷26题）（1）避免 b 中压强过大

（3）c 中温度下降，管路中形成负压

2.（2014年山东31题）（1）液柱高度保持不变　防止倒吸　NaOH

3.（2016年全国Ⅰ卷26题）（2）① 红棕色气体慢慢变浅　② $8NH_3+6NO_2\xrightarrow{催化剂}7N_2+12H_2O$ ③ Z 中 NaOH 溶液产生倒吸现象　④反应后气体分子数减少，Y 管内压强小于外界大气压

（二）

1.（2015 年浙江 29 题）

（2）①

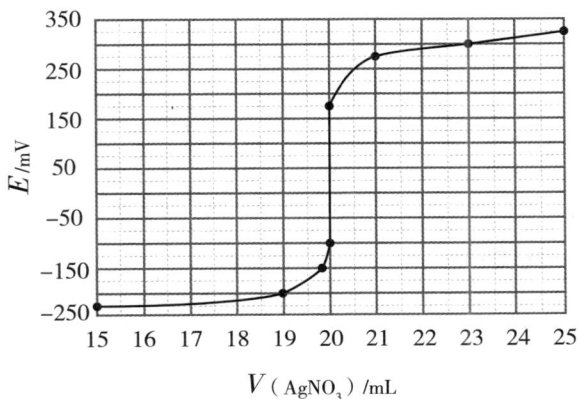

② 20.00　0.635

2.（2017 年全国 II 卷 28 题）（4）当滴入最后一滴时,溶液由蓝色变为无色,且半分钟内无变化 80 ab（5）低

3.（2015 年全国 II 卷 28 题）③淀粉溶液　溶液由蓝色变为无色,且半分钟内溶液颜色不再改变　④ 0.02700

4.（2016 年浙江 29 题）（5）①从滴定管上口加入少量待测液,倾斜着转动滴定管,使液体润湿内壁,然后从下部放出,重复 2~3 次　② 97.5%

5.（2014 年全国 II 28 题）（2）碱　酚酞（或甲基红）（4）偏低（5）防止硝酸银见光分解　2.8×10^{-3}

（三）

I.（2016 年全国 III 卷 26 题）

（4）$CaCl_2 + 2NH_3 \cdot H_2O + H_2O_2 + 6H_2O = CaO_2 \cdot 8H_2O \downarrow + 2NH_4Cl$ 温度过高时,过氧化氢易分解

II.（2015 年全国 I 卷 27 题）（6）$2H_3BO_3 \rightleftharpoons B_2O_3 + 3H_2O$，$B_2O_3 + 3Mg \rightleftharpoons 3MgO + 2B$

III.1.（2014 年天津 9 题）（7）$S_2O_3^{2-} + 4Cl_2 + 5H_2O = 2SO_4^{2-} + 8Cl^- + 10H^+$

2.（2014 年山东 31 题）（4）取少量产品溶于足量稀盐酸中,静置,取上

层清液（或过滤，取滤液），滴加 $BaCl_2$ 溶液，若出现白色沉淀，则说明含有 Na_2SO_4 杂质

（四）

1.（2016 年全国Ⅲ卷 26 题）（2）ade

2.（2015 年江苏 19 题）（4）用砂芯漏斗过滤，将过滤液置于冰水浴中，向滤液中加入饱和的 KOH 溶液，搅拌，静置，再用砂芯漏斗过滤，晶体用适量乙醇洗涤 2，3 次后，在真空干燥箱中干燥

3.（2016 年江苏 22 题）（3） ① 吸滤瓶

第四节 原创试题的策略

高考试题都是由命题专家精心设计的原创性试题，平时教师们会去原创试题的少之又少。原创试题主要从题干的设置、文字的多少、如何设问等方面进行思考、设计。如果一年能原创一道试题，对教师的专业发展也是有帮助的，而且不会增加负担。

原创性试题的设计基本过程：借助教师在教学实践中，针对要求学生掌握的知识点设问，把这些问题设置在特定的背景、情景之下，经过自己的思考，以独特的方式，形成文字。例如，针对高三第二轮复习中的探究题进行原创，要研究原创的原则、方法和素材的选取，运用 SOLO 分类评价法进行设问，形成试题。

一、试题命题框架

试题素材的选择途径很多，笔者以教材素材为例，适当选取教科书中的素材，合理整合成命题的素材，再结合素材特点，以及命题的方向构建合成路线框架，最后运用 SOLO 分类评价法对应的后四个层次进行试题的设问，得到适合的试题，并对试题进行评价。试题命制的框架如图 3-4-1 所示。

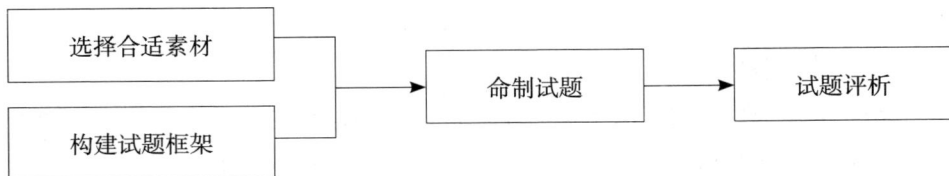

图3-4-1 试题命制的框架

"有考试无对试题的评价"，一直是高中教学特别是备考复习的重要欠缺之处，这一欠缺导致"教"与"学"的盲目性十分严重。对于命题者来说，对试题的评价是为了改进命题；对于应试者来说，对试题的评价是为了改进教学。评价的目的是改进和提高。因此，每命完一道题，都必须对试题进行

评价。

衡量考试质量通常有四个重要指标，即考试的效度、信度、试题的难度和区分度。要编制一道好题，除了要有明确、正确的指导思想，还必须有一个科学的编制过程。研究按怎样的编制方法命一道题，才能科学地、准确地考查学生的知识水平，并得到一个比较好的区分度、信度和效度。

二、试题命制实例

（一）一道电化学原创性试题的产生过程，试题命制的灵感

2016 年北京 12 题考查了微型电池的知识，学生和教师都觉得比较陌生。而人教版选修 4-P88 第 10 题就要求学生用已学的电解池知识解答身边与生活实际紧密联系的问题。"地铁是我们每天出行首选的交通工具，但可能很多人对铁轨的腐蚀熟视无睹"，以这为命题的素材，与新课标对命题要求"以真实情境为测试载体，考查学生对知识的运用、问题的解决能力"相一致，体现了化学源于生活、回归生活的特点。

选修 4-P88 第 10 题：在城市中地下常埋有纵横交错的管道和输电线路，地面上还铺有地铁、城铁的铁轨，当有电流泄漏入潮湿的土壤中，并与金属管道或铁轨形成回路时，就会引起后者的腐蚀，你能用一个原理图来表示这个过程吗？试提出防止这类腐蚀的策略。这其实与串联电解池的知识有关。

（二）前期调查

学生完成课后习题，从学生的作业可以看到，学生并没掌握对这一知识点的应用，没能准确标出钢轨的位置。查资料文献充分理解原理后，为了引导教师和学生回归教材并吃透教材，在 2016 年区域性高三摸底考试中，命制成相应的串联电解池的题目（第 27 题）考查学生。

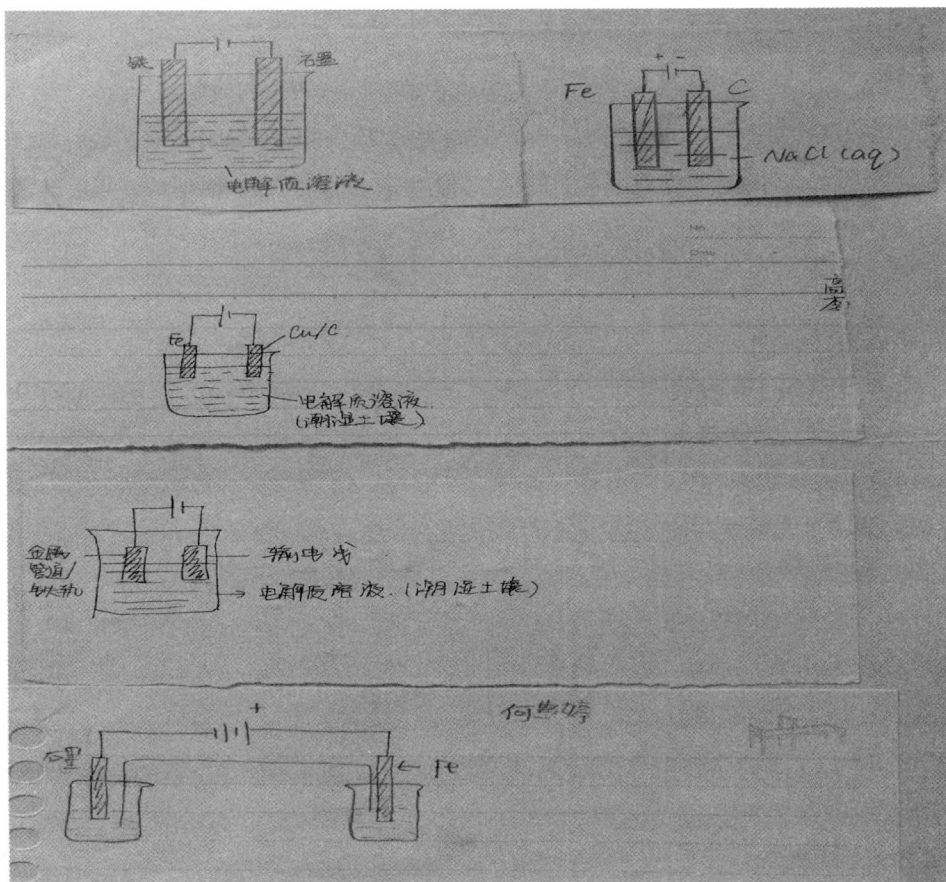

图3-4-2　部分学生的作业情况

(三) 真题呈现

2016 年区域性高三摸底考试 27 题（14 分）

某研究小组为了探究城市中铺在地面上的地铁和城铁的铁轨腐蚀的原因，并提出防止铁轨腐蚀的策略，进行如下探究。回答相关问题。

【查阅资料】

在城市中地下常埋有纵横交错的金属管道和输电线路，地面上还铺有地铁、城铁的铁轨，当有电流泄漏入潮湿的土壤中，并与金属管道或铁轨形成回路时，就会引起后者的腐蚀。

【实验探究】

甲组同学：假设地下电缆为铜制导线，潮湿的土壤中的电解质可看作 NaCl 溶液，画出模拟电解装置图如下。

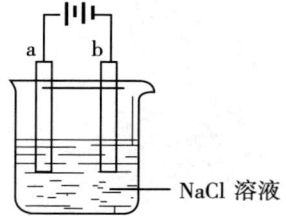

（1）a 极的现象有＿＿＿＿＿＿＿＿＿＿＿，

　　　电解池总反应式为＿＿＿＿＿＿＿＿＿＿。

【拓展实验】

乙组同学认为铁轨腐蚀的原理应是串联电解装置，上述模拟装置图没能标出铁轨在图中所处的位置，也没能说明加快腐蚀的原理，乙组同学改用下图装置进行实验探究。

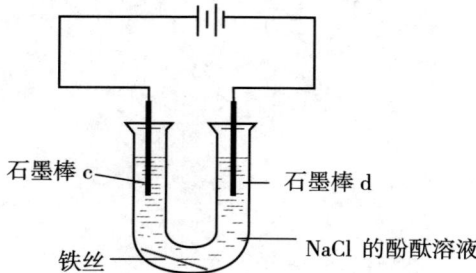

（2）模拟装置通电时的现象及解释。

实验	现象	解释
石墨棒 c	产生气泡	有氯气生成
石墨棒 d	产生气泡	有氢气生成
铁丝左端	产生气泡，溶液变红并随产生的气体向上移动，靠近石墨棒 c 时逐渐消失	红色逐渐褪去的离子方程式为 ①＿＿＿＿＿＿
铁丝右端	有白色絮状物生成随后变为灰绿色，最终变为红褐色	最终变为红褐色的原因是 ②＿＿＿＿＿＿

【结论】

由实验探究可知，实验现象与串联电解装置的现象相似，铁轨（或金属管道）即相当于横在两电极之间的铁丝。两端所发生的反应不同，一端（阳

极）是金属自身发生③_____反应,另一端（阴极）上溶液中的阳离子（H⁺）发生④_____反应（填"氧化"或"还原"）。

（3）防止铁轨腐蚀的策略有_____,_____。（请提出任意两点）

【答案】

（1）电极逐渐溶解减少　　$Cu + 2H_2O \xrightarrow{电解} Cu(OH)_2 + H_2 \uparrow$

（2）① $2OH^- + Cl_2 = Cl^- + ClO^- + H_2O$

② 溶解在溶液中的 Cl_2 将 $Fe(OH)_2$ 氧化为 $Fe(OH)_3$,

[或 $6Fe(OH)_2 + 3Cl_2 = 4Fe(OH)_3 + 2FeCl_3$]

③氧化　④还原

（3）迅速切断电源　埋在地下的金属管线或钢轨表面都要涂绝缘膜（或塑料、油漆等）（其他合理答案均给分）

（四）学生答题情况及试题评价

第 27 题（区域平均分：4.479　区难度：0.32）

（1）学生对所考查知识和能力的掌握情况和答题规范程度。

	（1）	（2）	（3）	（4）	（5）
得分率	12	1.7	12	76.5	56.1
满分率	0.6	1.7	3.2	73.9	35.1
零分率	79.3	98.3	79.2	21.7	20.8

　　从上面的数据可以看出，27 题的前三小题的得分率很低且满分率更低，说明学生完全没有理解题目的意思，根本没有看懂题目要考查的核心知识点和要解决的问题是什么，因此答非所问。前四个空得分几乎为零。对结论部分的答题得分率和满分率较高，说明学生对电解原理和电极反应等基本概念掌握较好。但利用所学化学知识解决实际问题的能力非常不足，这也是教师在今后教学中需要加强的方面，达到了命题者的意图。

　　（2）对试题的评价［衡量标准化考试的四个指标以及命题的导向性（新课程理念的体现等）、创新性（角度、思路的新颖性等）、规范性分析］。

这是一道较好的原创题，特别是乙同学的设计图，新颖，有创意，帮助学生理解微型电解池是一个很好的补充和启发。

本题给高三化学备考提供了很好的警醒和示范引导作用，通过这次考试，促进教师更重视教材及课本习题的挖掘与创新、拓展与延伸。教学中更重视运用所学化学知识解决真实问题，很好地与全国卷备考和新课标对接。

三、基于STSE命制的试题

（一）命题的素材可来源于生活，强调知识的学以致用

2016年里约奥运会跳水项目，跳水池里的水突然变绿，后来官方解释是因为消毒剂加错了。捕捉这一素材命题的角度、考查的素养，原创了2016年区域高三综合测试一第26题的第③问，考查学生对所学元素氯及其化合物性质的掌握情况。

（二）真题呈现

（2016年区域综合测试一26题③）

2016年里约奥运组委会解释了跳水池水变绿、运动员觉得水刺激眼睛的原因，是先往池里加入氯系消毒剂做池水消毒（有效成分HClO），后来又错往池水中加入双氧水导致的。请写出可能发生的化学反应方式_____

_____。

【答案】③ $HClO + H_2O_2 = HCl + O_2\uparrow + H_2O$

考查意图：以氯水用于自来水的杀菌消毒做素材，考查陌生方程式的书写。

学生答题情况分析：无法确定过氧化氢的还原产物是氧气。

第五节　组卷的策略

一份试卷从单个试题的命制到组成试卷，有如下六个步骤：

步骤一：明确考试目的。对考试范围内知识点进行梳理，列出从低到高的能力素养水平，作为命题的主要依据。

步骤二：拟订命题计划。命题计划一般是通过"双向细目表"（见表3-5-1）来体现的。"双向细目表"包括两个维度：（1）纵向是学科的知识内容。根据教学基本要求，参照各部分知识在学习中所用的时间，以及对后续学习的影响和应用价值等因素，确定考查的知识点或能力测试点及其所占比例。（2）横向是各知识点的具体要求，包括考试要求、预估难度、题型、试题来源等。拟订命题计划，一方面可以避免重复、混乱、偏离等现象出现；另一方面可以反映考查内容分布的合理性。

表 3-5-1　命题双向细目表

考查内容				素养要求			预估难度			题型			试题来源		
内容领域	题号	知识点或能力测试点	分值	A	B	C	0.8~1.0	0.5~0.7	0.2~0.4	选择题	填空题	简答题	原题	改编	原创

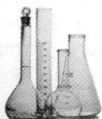

步骤三：编制试题。依据命题计划表，利用题卡命制试题（见表3-5-2）。

表 3-5-2　命题题卡

题号	题型	知识点或能力测试点	考试要求	预估难度	题目来源
题目					
答案及评分标准					

步骤四：组卷、统计。按照先易后难的原则进行组卷，难度相同的按章节顺序；再利用汇总表进行统计，突出试题的质量指标，反映试卷整体情况。

步骤五：磨题。"磨题"是命题中必不可少的环节。"磨题"环节要做好三个方面的工作：一是思索学生可能回答的答案，判定这些答案中哪些可以给分，哪些不能给分，即评分宽严的把握；二是揣摩学生的解题思路，重新审视试题给予的情境是否充分，问题提出的角度是否自然、有无歧义；三是准确地估计试题难度。影响试题难度的因素有很多，如解答问题路径的复杂程度、回答问题需要的表达水平、以往解题经验等。"磨题"时要再三地读题，反复推敲问题情境是否交代清楚，表达是否简练、通俗易懂，是否符合学生的阅读水平。

步骤六：制订评分标准。2018年全国高考主观题的赋分为2分的填空题明显增多，为新课程实施等级评分法创造了条件。在评分过程中有0，1，2三个等级分数，在实际阅卷过程中，将根据学生的答案，建构相应等级的评分标准，这种评分方式称为等级评分法。虽然等级评分法阅卷误差明显增大，但有利于人才培养和区分考生的化学水平。那些开放性强、主观性强的问题，有利于考查学生独立思考和创新性解决问题的能力，有利于国家选拔实用、创新型基础人才。那些有答案唯一的良构问题，往往存在考生理解正确、表述不准确或部分答对的现象，理应给予一半分数，按照等级评分法，可以记为1分，这符合阅卷评分的客观实际情况。

第六节　设置多样性作业

作为课堂教学的落实、补充和延伸的课后作业也是由练习题构成为主的，因此在其设计上需要切合化学新课程的相关教学理念，体现高考改革的特征。首先，作业设计尽量贴近生产和生活实际，能使学生感受到化学学科在生产生活中的应用，引导学生关注与化学有关的科学技术、社会经济和生态环境的协调发展，增强其学习化学的社会责任感；其次，要能体现化学学科的重要特征，能将化学的核心知识和科学素养——呈现；最后，促使学生对抽象问题进行深入探究，外显学生的思维过程，加深教师对学生的了解程度。新课程改革促使作业的形式、内涵进行必要的革新。

一、设置书写化学作文

为了促进学生对抽象问题的深入探究，外显学生的思维过程，加深教师对学生的了解程度。可设置化学作文的作业。

案例1：上完化学平衡常数时尝试给学生布置的作业：请你就对"化学平衡常数"概念的理解，写一篇200字的作文。

可以就对平衡常数知识本身的理解、平衡常数在知识体系中的作用、平衡常数在现实中的应用、平衡常数的历史发展、平衡常数的类型及特征等方面选取题材进行描写，从而考查学生的核心素养。

案例2：高三一轮复习完氧化还原反应专题，尝试给学生布置的作业：请你就对"氧化还原反应"概念的理解，写一篇200字的作文。

可以就对氧化还原反应知识本身的理解、氧化还原反应在知识体系中的作用、与生产生活的联系，新概念与原有概念的关系、概念建立的意义、氧化还原反应概念的历史和发展等方面选取题材进行描写。

二、设置小制作作业

将课本中一些习题以小制作、小论文的形式进行改造，鼓励学生动手实践，既体现化学作为实验为基础的学科特征，同时能调动学生的参与欲望及兴趣。

化学作为一门深层次研究的课程，与人们的现代生活息息相关，尤其是它与人类的健康关系甚是密切。生活中处处有化学。随着生活水平的提高，人们越来越追求健康、高品质的生活。化学与生活的联系也日趋密切，只要你留心观察，用心思考，就会发现生活中的化学知识到处可见。生活中充满着化学的踪影，化学就在我们身边，用化学知识可以解决生活中的实际问题。化学可以服务社会，服务其他学科，服务人类自身。因此，可以结合教学内容，安排学生完成以下作业：

【必修 2– 第一章第一节 –8 题】寻找你家中的食品、调味品、药品、化妆品、洗涤剂、清洁剂及杀虫剂等，查阅标签或说明书，看一看其中含有哪些元素，查阅它们在周期表中的位置；查阅哪些物品中含有卤族元素。试着向你的家人说明其中卤素的有关性质。【化学与生活 – 激发学习化学的热情】

【必修 2– 第一章第一节 –12 题】通过各种渠道收集资料，了解放射性同位素在能源、农业、医疗、考古等方面的应用。以讨论、讲演、墙报等形式在班上交流。【利用多方面的信息技术，了解化学的应用 – 激发学习化学的热情】

【必修 2– 第三章第三节 –10 题】制作一张海报，宣传酗酒或酒后驾车的危害。【利用研究性学习、学校科技艺术节等活动，进行公益宣传，感悟化学造福人类之美】

【必修 2– 第三章第四节 –9 题】（4）如何鉴别蚕丝和人造丝（纤维素）织物？【利用化学知识解决生活实际问题，趣味性的活动有利于提高课堂学生参与度】

【必修 2– 第三章第四节 –11 题】写一篇关于食物中营养物质摄取的调查报告，研究食物摄取量和食物类型对健康的影响。【可以结合生物知识，联系生活实际，活学活用】

【必修 2– 第四章第二节 –11 题】20 世纪 70 年代以来，人们逐渐认识到，如果继续过分地依赖石油作为主要能源，迟早会出现严重的能源危机，因此，

必须在节约使用的同时，寻找新的替代能源。（2）煤、石油和天然气等化石燃料是应该作为能源使用，还是应该作为原料加工成医药、化工产品？对这样有争议的问题，你的看法是什么？请查阅有关数据和资料说明你的观点。【用化学知识保护地球，爱护地球，培养主人翁精神】

三、设置学生命题作业

组织学生进行自编题的尝试有利于教师深入了解学生的思维，有利于引导学生从命题人的角度去思考，从而提高学生的解题速率和解题准确度，对检验学生学习情况、学会举一反三等方面都有着积极的意义。

如下是我们组织学生进行自编试题的案例，案例由培正中学陈云岭老师提供。

作业一：阿伏加德罗常数的题目是历年高考必考题，必须过关。设置作业：请你设置考查与阿伏加德罗常数有关的试题。

学生命题案例一

N_A 代表阿伏加德罗常数，判断下列说法是否正确。

学生1：

1. 22.4 L 的 H_2 质量为 2 g

2. 标准状况下，22.4 L 的 CH_2Cl_2 含 $4N_A$ 共价键

3. 常温常压下，92 g NO_2 和 N_2O_4 的混合气体中含有的原子总数为 $6N_A$

4. 标准状况下，22.4 L 的 HF 含有的原子数为 $2N_A$

5. 标况下，44.8 L 的氢气与 22.4 L 氧气所含原子数均为 $2N_A$

6. 60 g SiO_2 晶体中含 Si-O 键数目为 $4N_A$

7. 0.1 L 3 mol·L^{-1} 的 NH_4NO_3 溶液中含有的 NH_4^+ 的数目为 $0.3N_A$

8. 标况下，22.4 L NO_2 气体中所含分子数目为 $0.3N_A$

9. 常温下，5.6 g Fe 投入含 0.2 mol HNO_3 的溶液中，失去电子至少 $0.15N_A$ 个

10. 0.25 mol CO_2 与足量 Na_2O_2 反应转移电子数为 $0.25 N_A$

11. 18 g D_2O 与 H_2O 所含电子数目相同

12. 1 mol D_2O 与 1 mol H_2O 所含电子数相同

13. 34 g H_2S 全部溶于水，所得溶液中 H_2S，HS^-，S^{2-} 数目和为 $0.1 N_A$

14. 100 g 98% 的浓硫酸中含有的氢原子数目为 $2 N_A$

15. 0.1 mol 羟基中所含电子数目为 $0.9 N_A$

16. 1 mol H_2 与 1 mol I_2 反应后的气体分子数目不等于 $2 N_A$

17. 1 mol Cl_2 全部发生反应时，得到的电子数一定为 $2 N_A$

18. 0.3 L 2 mol·L^{-1} 乙醇溶液中所含分子数为 $0.6 N_A$

19. 1 L pH=5 的 CH_3COOH 与 1 L pH=9 的 $NH_3·H_2O$ 的 H^+ 数量为 $10^{-9} N_A$

20. 已知 CH_3COONH_4 溶液呈中性，则 0.1 mol·L^{-1} 的 CH_3COONH_4 溶液中 NH_4^+ 的数量为 $0.1 N_A$

21. pH=7 的纯水为中性

22. pH=7 的水为中性

学生 2：

1. 22.4 L（标况下）氩气含有的质子数为 $18 N_A$

2. 常温常压下，124 g P_4 中所含的 P—P 键数目为 $4 N_A$

3. 2.24 L（标况下）苯在氧气中完全燃烧，得到 $0.6 N_A$ 个 CO_2 分子

4. 密闭容器中，1 mol PCl_3 与 1 mol Cl_2 反应制备 PCl_5，增加 $2 N_A$ 各 P—Cl 键

5. 密闭容器中，2 mol NO 与 1 mol O_2 充分反应，产物的分子数为 $2 N_A$

6. 0.1 mol H_2 和 0.1 mol I_2 于密闭容器中充分反应后，其分子总数为 $0.2 N_A$

7. 3 mol H_2 和 1 mol N_2 于密闭容器中充分反应后，其分子总数为 $4 N_A$

8. 标况下，2.24 L 氯气与 0.1 mol 的金属铁反应生成 $FeCl_3$，转移电子数为 $0.2 N_A$

9. 23 g Na 充分燃烧时转移电子数为 $1 N_A$

10. 1 L 1 mol·L^{-1} 的 $NaHCO_3$ 溶液中 HCO_3^- 和 CO_3^{2-} 的离子数之和为 $0.1 N_A$

11. 同温度下，pH=1 和 pH=2 的醋酸，$c(H^+)$ 之比为 10：1

12. 18 g D_2O 和 18 g H_2O 中含有的质子数均为 $10 N_A$

13. 常温常压下，92 g NO_2 和 N_2O_4 的混合气体中含有的原子总数为 $6N_A$

14. 4.5 g 的 SiO_2 晶体中含有的硅氧键的数目为 $0.3N_A$

15. 12 g 金刚石中含有的共价键数目为 $2N_A$

16. 常温下，pH=13 的 1.0 L $Ba(OH)_2$ 溶液中含有的 OH^- 数目为 $0.2N_A$

17. 标况下，22.4 L 空气中 O_2，N_2 分子总数目为 N_A

18. 常温下，1 L 0.1 mol·L^{-1} $AlCl_3$ 溶液中阳离子数目等于 $0.1N_A$

19. 常温下，pH=11 的 Na_2CO_3 溶液中水电离出的 OH^- 的数目为 $0.001N_A$

20. 300 mL 2 mol·L^{-1} 乙醇溶液中所含分子数为 $0.6N_A$

学生 3：

1. 1 mol Na_2O_2 比 1 mol Na_2O 所含的离子数多 $1N_A$

2. 常温下，24 g Mg 与 23 g Na 所含的中子数均为 $12N_A$

3. 将 1 mol H_2 与 1 mol I_2 混合，分子数为 $2N_A$

4. 1 mol C_3H_8 与 C_4H_8 的混合气体中，H 的数目 $8N_A$

5. 14 g 乙烯和环丙烷的混合气体中，H 的数目为 $2N_A$

6. 1L pH=1 的 HCl 与 1 L pH=1 的 H_2SO_4 中 H^+ 的数目均为 $0.1N_A$

7. 1 mol Cl_2 与足量 NaOH 反应，转移了 $2N_A$ 的电子

8. 1 mol Cl_2 与水反应，生成的 HClO 为 $1N_A$

9. 在 2 L 0.5 mol·L^{-1} 的醋酸溶液中，NH_4^+ 的数目为 $1N_A$

10. 常温常压下，2.45 L NH_3 所含电子数为 $1N_A$

11. 5.6 g Fe 和足量的 18 mol·L^{-1} H_2SO_4 反应，转移电子 $0.3N_A$ 个

12. 在 Zn-Cu 和硫酸组成的原电池中，外电路每经过 $2N_A$ 个电子，负极减少 65 g

13. 100 ℃ 时，1 L pH=7 的水中，OH^- 数目为 $1×10^{-5}N_A$

14. 常温下，1 L pH=5 的 CH_3COOH 溶液与 1 L pH=9 的 $NH_3·H_2O$ 溶液中，水电离的 H^+ 数均为 $10^{-9}N_A$

15. 2 mol 氩气和 1 mol 氟气中所含原子数均为 $2N_A$

16. 常温下，0.5 mol 的白磷含 P—P 键个数为 $3N_A$

17. 标况下，1 mol 联氨中所含的非极性键数目为 $4N_A$

18. 常温下，24.5 L SiF$_4$ 中 F 原子数目为 1.2 N_A

19.78 g 苯中含碳碳双键数目为 3 N_A

学生 4：

1. 密闭容器中，2 mol NO 与 1 mol O$_2$ 充分反应，产物的分子数为 2 N_A

2. 常温常压下，124 g P$_4$ 中所含 P–P 键数目为 4 N_A

3. 1 L 0.1 mol·L^{-1} 的 NaHCO$_3$ 溶液中 HCO$_3^-$ 和 CO$_3^{2-}$ 的离子数目为 4 N_A

4. 1 L 0.01 mol·L^{-1} KAl(SO$_4$)$_2$ 溶液中含有的阳离子数目大于 0.02 N_A

5. 50 mL 12 mol·L^{-1} 盐酸与足量的 MnO$_2$ 共热，转移电子数为 0.3 N_A

6. 标况下，22.4 L 空气中有 N_A 个单质分子

7. 1 L 1mol·L^{-1} 的 NaAlO$_2$ 水溶液中含有氧原子数为 2 N_A

8. 电解精炼铜时，若阳极质量减少 32 g，则阴极转移电子数为 N_A

9. 60 g 丙醇中存在共价键总数为 10 N_A

10. 0.1 mol H$_2$ 与 0.1 mol I$_2$ 于密闭容器中充分反应后，其分子总数为 0.2 N_A

11. pH=2 的 H$_3$PO$_4$ 溶液中，含有 0.1 N_A 个 H$^+$

12. 2.24 L（标况下）苯在 O$_2$ 中燃烧，得到 0.6 N_A 个 CO$_2$ 分子

13. 17 g –OH 与 17 g OH$^-$ 所含电子数均为 10 N_A

14. FeCl$_3$ 水解形成 FeCl$_3$ 胶体，粒子数目为 0.2 N_A

15. 标况下，22.4 L CCl$_4$ 含 4 N_A 个共价键

16. 1 L pH=1 的 H$_3$PO$_4$ 溶液中，含 0.1 N_A 个 H$^+$

17. 235 g 核素 ^{235}U 发生裂变反应 $^{235}_{92}$U+$^1_0$n → $^{90}_{38}$Sr+$^{136}_{54}$Xe+10 $^1_0$n，净中子数为 10 N_A

18. 0.1 mol·L^{-1} 的 NaHSO$_4$ 溶液中，阳离子数目之和为 0.2 N_A

19. 足量铁在一定条件下与 3 mol Cl$_2$ 反应，转移电子 6 N_A 个

20. 常温常压下，1 mol CO$_2$ 与 SO$_2$ 的混合气体中，含氧原子 2 N_A 个

学生 5：

1. pH=1 的 H$_2$S 溶液含 1 N_A 个 H$^+$

2. 46 g 的 NO$_2$ 含有的原子数为 3 N_A

3. 往醋酸中加入 Na 块，K_{sp}（CH_3COOH）将变大

4. 1 mol Fe 与 1 mol Cl_2 反应转移 3 N_A 个电子

5. 常温下，在 pH=7 的乙酸钠溶液中，$c(CH_3COO^-)=c(Na^+)=c(H^+)=c(OH^-)$

6. N_A 个带负电的 F 所具有的电子数为 9 N_A

7. Na_2O_2 溶于水转移 1 N_A 个电子

8. 1 个 O 有 8 N_A 个质子

9. 1 mol Cl_2 有 2 N_A 个 Cl^-

10. 1 mol 水，有 1 mol 水分子

11. 32 g 的氧气中有 1 mol O_2

12. 1 mol 单晶硅中有 1 mol 化学键

13. pH=7 的纯水为中性

14. pH=7 的纯水呈电中性

15. 标况下，22.4 L CCl_4 有 4 N_A 个 H^+

16. 60 g 丙醇中存在共价键为 10 N_A

17. 0.1 mol·L^{-1} 的 $NaHSO_4$ 溶液中，阳离子数之和为 0.2 N_A

18. Cl_2 不能导电，但溶于水后变电解质

19. H_3PO_4 是三元酸

学生 6：

1. 2.24 L CO_2 中含有的原子数为 0.3 N_A

2. 标况下，22.4 L NO_2 气体中所含分子数为 N_A

3. 12 g 金刚石中含有的共价键为 2 N_A 个

4. 1 mol Na_2O_2 固体中含有离子总数为 4 N_A

5. 0.1 mol·L^{-1} 的 $NaHSO_4$ 溶液中，阳离子数目之和为 0.2 N_A

6. 2 mol SO_2 和 1 mol O_2 在一定条件下充分反应后，混合物的分子数为 2 N_A

7. 标况下，22.4 L 己烷中含共价键数目为 19 N_A

8. 100 g 17% 的氨水中含有的 NH_3 分子数为 N_A

9. 常温下，pH=13 的 1.0 L $Ba(OH)_2$ 溶液中含有 OH^- 数目为 0.2 N_A

10. 18 g D_2O 所含电子数为 10 N_A

11. 常温下，11.2 L 甲烷气体中含有的甲烷分子数为 $0.5\,N_A$

12. 0.1 L 3.0 mol·L^{-1} 的 NH_4NO_3 溶液中含有的 NH_4^+ 的数目为 $0.3\,N_A$

13. 标况下，18 g H_2O 所含的氧原子数目为 N_A

14. 常温常压下，3.2 g O_2 所含的原子数为 N_A

15. 16.25 g $FeCl_3$ 水解成 $Fe(OH)_3$ 胶体粒子数目为 $0.1\,N_A$

16. 2.24 L（标况下）苯在 O_2 中完全燃烧，得到 $0.6\,N_A$ 个 CO_2 分子

17. 密闭容器中 2 mol NO 与 1 mol O_2 充分反应，产物分子数为 $2\,N_A$

学生 7：

1. 等质量的氧气和臭氧，电子数相同

2. Na 在空气中燃烧生成多种有机物；23 g Na 充分燃烧转移的电子数为 $0.1\,N_A$

3. 14 g 分子式为 C_nH_{2n} 的烃中含有 C=C 为 $\dfrac{N_A}{n}$

4. 1 L 0.01 mol·L^{-1} 的 $KAl(SO_4)_2$ 溶液中含阳离子数目大于 $0.02\,N_A$

5. 1 L 1 mol·L^{-1} 的 $NaAlO_2$ 水溶液中氧原子数为 $2\,N_A$

6. 若盛 SO_2 的密闭容器中含有 N_A 个氧原子，则 SO_2 的物质的量为 0.5 mol

7. 常温常压下，4.0 g NaOH(s) 溶于 1 L 水所得溶液中，$c(NaOH)=0.1$ mol·L^{-1}

自编题作业案例二

2019 届广州市第 27 题题干信息不变，还可以如何设问，要求有梯度的设置 5 或 6 个问题，并配答案。

27.（2019 届广州调研市题）（14 分）氨法溶浸氧化锌烟灰制取高纯锌的工艺流程如图所示。溶浸后氧化锌烟灰中锌、铜、镉、砷元素分别以 $Zn(NH_3)_4^{2+}$，$Cu(NH_3)_4^{2+}$，$Cd(NH_3)_4^{2+}$，$AsCl_5^{2-}$ 的形式存在。

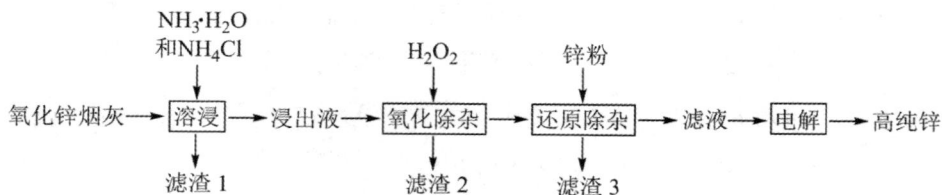

回答下列问题：

（1）$Zn(NH_3)_4^{2+}$ 中 Zn 的化合价为_____，"溶浸"中 ZnO 发生反应的离子方程式为_____。

（2）锌浸出率与温度的关系如右图所示，分析 30 ℃ 时锌浸出率最高的原因为_____。

（3）"氧化除杂"中，$AsCl_5^{2-}$ 转化为 As_2O_5 胶体吸附聚沉除去，溶液始终接近中性。该反应的离子方程式为_____。

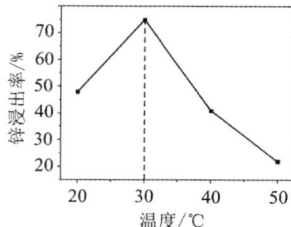

（4）"滤渣 3"的主要成分为_____。

（5）"电解"时，$Zn(NH_3)_4^{2+}$ 在阴极放电的电极反应式为_____。阳极区放出一种无色无味的气体，将其通入滴有 KSCN 的 $FeCl_2$ 溶液中，无明显现象，该气体是_____（写化学式）。电解后的电解液经补充_____（写一种物质的化学式）后可返回"溶浸"工序继续使用。

【答案】

27.（14 分）

（1）+2（1 分）　$ZnO+2NH_3 \cdot H_2O+2NH_4^+ = Zn(NH_3)_4^{2+}+3H_2O$（2 分）

（2）低于 30 ℃ 时，溶浸反应速率随温度升高而增大；超过 30 ℃，氨气逸出导致溶浸反应速率下降（2 分）

（3）$2AsCl_5^{2-}+2H_2O_2+6NH_3 \cdot H_2O = As_2O_5$（胶体）$+10Cl^-+6NH_4^++5H_2O$（2 分）

[或 $2AsCl_5^{2-}+2H_2O_2+H_2O = As_2O_5$（胶体）$+10Cl^-+6H^+$（2 分）]

（4）Cu，Cd（2 分）

（5）$Zn(NH_3)_4^{2+}+2e^- = Zn+4NH_3 \uparrow$（2 分）

[或 $Zn(NH_3)_4^{2+}+2e^-+4H_2O = Zn+4NH_3 \cdot H_2O$（2 分）]

　　N_2（2 分）　NH_3（或 $NH_3 \cdot H_2O$）（1 分）

学生 1 改编

（12 分）氨法溶浸氧化锌烟灰制取高纯锌的工艺流程如图所示。溶浸后氧化锌烟灰中锌、铜、镉、砷元素分别以 $Zn(NH_3)_4^{2+}$，$Cu(NH_3)_4^{2+}$，$Cd(NH_3)_4^{2+}$，

$AsCl_5^{2-}$ 的形式存在。

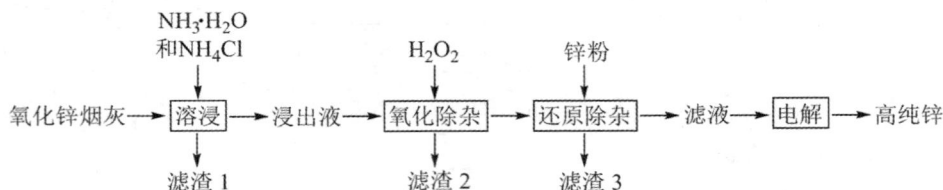

回答下列问题：

（1）已知砷（As）处于第四周期第 VA 族，写出其原子结构示意图：_____

_____。

（2）加入 $NH_3 \cdot H_2O$ 和 NH_4Cl 混合溶液后，溶液 pH 基本不变，请写出该溶液分别与酸、与碱反应的化学方程式（酸用盐酸，碱用苛性钠）

_____、_____。

（3）氧化除杂中，$AsCl_5^{2-}$ 转化为 As_2O_5 胶体吸附聚沉除去，其中还原产物为_____，pH 变化为_____（填"升高""不变"或"减小"）。

（4）滤渣 3 中除 Cu，Cd 单质外，还有什么成分？_____（填名称）。

（5）电解后得到 a g 高纯锌，若把它完全投入稀盐酸中，生成了 b g H_2，问得到的高纯锌的纯度为多少？_____（Zn 65，H 1）。

【答案】

（1）

（2）$NH_3 \cdot H_2O + HCl = NH_4Cl + H_2O$　　　$NH_4Cl + NaOH = NH_3 \cdot H_2O + NaCl$

（3）H_2O、不变

（4）锌（粉）

（5）$\dfrac{65b}{2a} \times 100\%$

学生 2 改编

H 1　O 16　N 14　As 75　Zn 65　Cu 64

氨法溶浸氧化锌烟灰制取高纯锌的工艺流程如图所示。溶浸后氧化锌烟灰中锌、铜、镉、砷元素分别以 $Zn(NH_3)_4^{2+}$，$Cu(NH_3)_4^{2+}$，$Cd(NH_3)_4^{2+}$，$AsCl_5^{2-}$ 的形式存在。

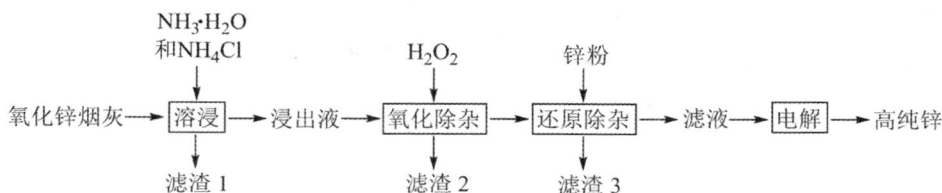

（1）ZnO 中 Zn 的化合价为 _____。设烟灰中 As 以 As_2O_3 的形式存在，该反应生成一种刺激性气味的气体，写出该溶浸反应的离子方程式 _____。

（2）溶浸时充分反应，"溶浸后"浸出液中 $Zn(NH_3)_4^{2+}$ 的浓度的负对数如下图，分析其原因：_____。

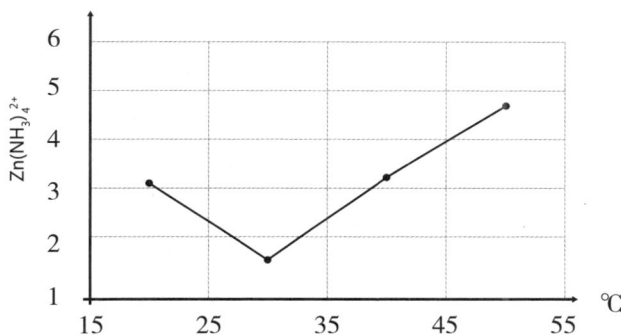

（3）滤渣 3 中的金属单质有 _____（写名称）。

（4）设"氧化除杂"中发生的反应为 $2AsCl_5^{2-}+2H_2O_2+6NH_3 \cdot H_2O \!=\!\! As_2O_5+10Cl^-+6NH_4^++5H_2O$，设取 100 g 烟灰经溶浸和氧化除杂后得到的固体为 5.75 g，"溶浸"的浸出率为 75%，求原烟灰中 As 的质量分数（以 As 计）。

_____。

（5）反应后所得的锌可用作碱性锌锰电池和锌银电池，请写出前者的正极反应式和后者的总反应式 _____。

【答案】

（1）+2

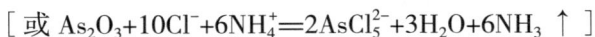

（2）低于 30 ℃ 时，$Zn(NH_3)_4^{2+}$ 浓度升高，说明浸出率上升，因为浸出率随温度升高而增大。高于 30 ℃时，$Zn(NH_3)_4^{2+}$ 浓度降低，说明浸出率下降，因为氨气逸出导致反应物浓度降低

（3）锌、铜、镉

（4）5%

（5）$2MnO_2+2H_2O+2e^-\!=\!\!2MnOOH+2OH^-$

$Zn+Ag_2O\!=\!\!ZnO+2Ag$

学生 3 改编

氨法溶浸氧化锌烟灰制取高纯锌的工艺流程如图所示。ZnO 中有泥沙、Cu，Cd，As 等，As 单质易被氧化。

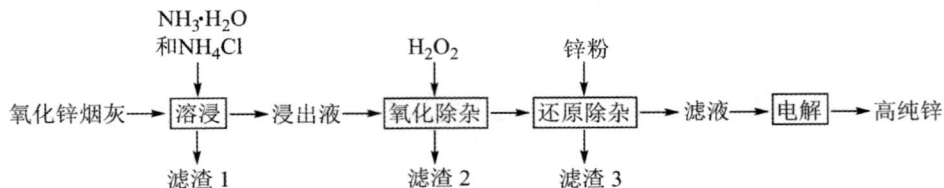

资料 1

	Fe^{3+}	Fe^{2+}	Zn^{2+}	Cd^{2+}	Cu^{2+}
开始沉淀 pH	1.5	6.3	6.2	7.4	4.3
完全沉淀 pH	2.8	8.3	8.2	9.4	5.6

资料 2 各物质在酸碱中溶解的情况

	Cd	As	ZnO
酸	可溶	溶于某种酸	可溶
碱	不可溶	不可溶	不可溶

资料 3 TAA 技术中，无法作用含 As 的化合物。

$Cu(NH_3)_4^{2+} \rightarrow Cu^{2+}$　$Zn(NH_3)_4^{2+} \rightarrow Zn^{2+}$　$Cd(NH_3)_4^{2+} \rightarrow Cu^{2+}$

资料 4：氧化除杂中，$AsCl_5^{2-} \rightarrow As_2O_5$，胶体吸附聚沉除去。

（1）在溶浸过程中，若只加入 $NH_3 \cdot H_2O$，后果是什么？_____。

（2）还原除杂的离子方程式为：_____，$AsCl_5^{2-}$

在 _____（填步骤名称）生成。

（3）"电解"时,阳极区附近的 pH_____（填"变大""变小"或"不变"）。

（4）往 TAA 技术处理后的溶液中加入 $K_3[Fe(CN)_6]$,发现溶液变成蓝色,证明此时溶液中还有杂质离子 _____；此时应在氧化除杂前加一步沉淀除杂,通入 O_2,加入 _____（氧化物）调节 pH 至 _____ 区间,完全沉淀杂质离子,同时弥补了原工艺中的不足之处,若不通入 O_2,则 _____。

（5）ZnO 烟灰还有一种处理方法为酸浸法,该方法中运用金属萃取技术除去 Cu 杂质,其他杂质仍为固体,成分不变,然后加入某稀强酸溶液,将除泥沙外的杂质全部溶解,则该稀强酸溶液为 _____（填化学式）。

（6）准确称取 m g 产品按下图装置进行试验,测量产品的纯度。读数前,上下移动水准瓶,其目的是 _____,测得起始读数为 V_1 mL,终点读数为 V_2 mL（已转换成标准状况下）,则产品纯度为 _____（用含 V_1,V_2,m 的式子表示）。

可能用到的相对原子质量：H 1　O 16　Zn 65

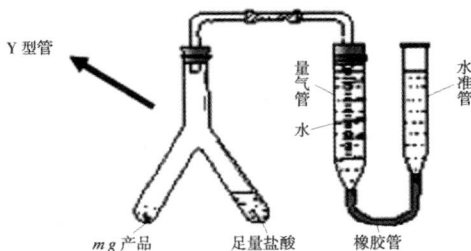

【答案及解析】

（1）烟灰无法溶解、无法分离杂质

【解析】$NH_3 \cdot H_2O$ 营造碱性环境,由资料 2 及所学知识可知,Cd,As,ZnO,Cu 均不可溶。

（2）$Zn+Cd^{2+}=Cd+Zn^{2+}$　溶浸

【解析】在 TAA 技术后,Cd 元素主要以 Cd^{2+} 形态存在,氧化除杂又只作用于 $AsCl_5^{2-}$,因此到达还原除杂时,溶液中的 Cd 元素依然以 Cd^{2+} 形态存在。由资料 3 可知,TAA 技术中,无法作用于含 As 的化合物。

（3）变小

【解析】阳极区发生的反应为 $2Cl^- - 2e^- = Cl_2$，Cl_2 的生成会使阳极区附近的 pH 减小，Cl^- 来源是溶浸时加入的 NH_4Cl。

（4）Fe^{2+}　ZnO　5.6~6.2　$Fe(OH)_2$ 为絮状沉淀，难以除尽，且当 Fe^{2+} 完全沉淀时，Zn^{2+} 开始沉淀。

【解析】$K_3[Fe(CN)_6]$ 为检验 Fe^{2+} 的特种试剂；调节 pH 时加入某种氧化物，该氧化物的阳离子应为目标产物的阳离子，即 Zn^{2+}，若用其他氧化物，会引入新的阳离子杂质；除去 Fe^{2+} 必先将其氧化为 Fe^{3+} 后才除去。原工艺中，溶浸除去泥沙，氧化除杂除去 As 元素，还原除杂除去 Cd 元素，Cu^{2+}，Fe^{3+} 无法除去，因此调节 pH 至 5.6~6.2，完全沉淀 Cu^{2+}，Fe^{3+}，但 Zn^{2+} 不能沉淀，因为是目标产物。

（5）HNO_3

【解析】Cd，ZnO 均可溶于酸（由资料可知），As 溶于某种酸，由题干可知，As 具有较强还原性，推测其溶于某种酸为发生氧化还原反应所致，在稀强酸溶液中，只有硝酸具有强氧化性。

（6）保证瓶内外气压相等　$(V_2-V_1)/(m \times 6.5 \times 10^4)$

【解析】$n(H_2)=(V_2-V_1)/10^3$ mol，由电子守恒可知，$Zn \sim H_2$，所以 $n(Zn)=(V_2-V_1)/10^3$ mol，所以，$m(Zn)=(V_2-V_1)/(6.5 \times 10^4)$，纯度为 $(V_2-V_1)/(m \times 6.5 \times 10^4)$。

学生 4 改编

（1）$NH_3 \cdot H_2O$ 和 NH_4Cl 有什么作用？＿＿＿＿＿＿＿＿。

（2）H_2O_2 氧化除杂的元素为＿＿＿＿＿＿（填名称）。

（3）电解时阳极区放出一种无色无味的气体，将其通入 KSCN 的 $FeCl_2$ 溶液中，无明显现象，则阳极电极反应方程式为＿＿＿＿＿＿＿＿。

（4）在氧化除杂中，除了可以用 H_2O_2，还能用以下哪种物质？＿＿＿＿。

A. 酸性 $KMnO_4$　　B. O_2　　C. Cl_2　　D. Na_2O_2

（5）除杂过程中常常除不干净，常会有杂质干扰后续的电解，若还原除杂前的操作均已除干净相应杂质，则还原除杂后的滤液，可能存在杂质＿＿＿

_____（填化学式）。

【答案】

（1）作为缓冲液，调节 pH

（2）砷

（3）$2NH_4^+-6e^-+8OH^-=N_2\uparrow+8H_2O$

（4）B，C

（5）Cu，Cd

学生 5 改编

（1）"溶浸"时，为了提高速率，可采取的措施有 _____（写一种）。

（2）已知 As_2O_5 易被还原为 As_2O_3，"氧化除杂"中，$AsCl_5^{2-}$ 转化为 As_2O_5 胶体吸附聚沉除去，得到 As_2O_5 可通入 SO_2 制取 SO_3。该反应的化学方程式为

_____。

（3）加入 $NH_3\cdot H_2O$ 和 NH_4Cl 的目的是 _____。

（4）"电解"时 $Zn(NH_3)_4^{2+}$ 在阳极放电的电极反应式是 _____（已知阳极区放出一种无色无味的气体）。

（5）锌浸出率与温度的关系如图所示（图略），分析 40 ℃ 后锌浸出率下降幅度与 30~40 ℃ 浸出率下降幅度不同的原因 _____。

【答案】略

学生 6 改编

（1）电解时，$Zn(NH_3)_4^{2+}$ 溶液中的阳极反应式：_____

（2）$AsCl_5^{2-}$ 提纯后可用来做砒霜（As_2O_3），某同学打算买点砒霜提砷，买了 3.96 g，假设氧化锌烟灰中有质量分数为 1% 的 As，则最少要用多少烟灰来做砒霜？_____。

（3）$Cd(NH_3)_4^{2+}$ 中 Cd 的价态为 _____。

（4）写出电解另一种 Zn^{2+} 的盐制取 Zn 单质的化学方程式为 _____。

（5）碱金属很有用，但不只能利用金属性，写出 Na 能制取 K 的原理。

_____。

【答案】

（1）$Zn(NH_3)_4^{2+}-12e^-+12OH^-=Zn^{2+}+2N_2\uparrow+12H_2O$

（2）300 g

（3）+2

（4）$ZnCl_2\xrightarrow{\text{电解}}Zn+Cl_2\uparrow$

（5）K 的沸点低于 Na

第四章

提升教师命题能力的策略

命题不只是专家的事，也是教师基本功的重要组成部分。它关系到日常教学评价的准确度，关系到教师作业布置是否有效，对学生的思维训练是否得当，关系到平时的单元测试、期中考试、期末考试的反馈指导及测评功能是否有效。命题能力体现教师的专业水平，一份科学、有效的试题不仅体现教师对课标和教材的理解与把握能力，而且体现教师对学生的研究深度，对学生学习的了解程度。教师不仅要能够命题，还要能够命出高质量的题。一个连一套试题都不会命的教师不能算是优秀教师，这是因为他把握不住教学重点，不知道哪些是学生应知应会的，进而就不能进行有针对性的教学和辅导，不能做到有的放矢。

怎样提高教师的命题能力，是我们研究的问题之一。教师命题能力的欠缺，主要原因是以"命题"为研究主题的研修活动过少，教师缺少必要的命题技术培训与指导。实践中采取"两结合"的策略有效提高了教师的命题能力，即比较研究与合作研讨相结合、技术培训与命题比赛相结合的形式，让教师的命题能力在学习、实践和研究中得到不断提高。

第一节　通过合作研讨，提高研究试题的能力

通过专题讲座对教师进行命题技术培训，可使教师的命题工作从随意走向规范，从经验走向科学。但"纸上得来终觉浅，绝知此事要躬行"，提高教师的命题能力最重要的是为教师搭建命题实践平台。

一、加强理论学习　掌握命题理论

课题组购买有关命题的书籍发给课题组教师，通过阅读书籍和组织读书

"沙龙"交流心得体会，如读《学习质量评价 SOLO 分类理论》《布鲁姆的分类学》等，让教师对命题的相关理论有一定的认识，了解试题命制的基本要求。举行专题讲座提高教师的命题技术。每学期初各校备课组组长负责收集上学期期末考试卷并对命题情况和学生答题情况进行分析。

二、合作命题实践探索，形成命题共同体

教师个人独立研究有其局限性，往往带有偏好，而区域内不同学校教师间合作讨论，借助集体力量能更好地对试题进行客观评价、深入分析，形成命题共同体。

区域教研对试题进行研讨，主要围绕试题考查的知识点、能力点、试题的难易度、试题的考查价值以及试卷所覆盖的知识面、核心知识的含量等方面进行。主命题教师要逐题说明试题考查的知识、能力及素养，试题的难易度、试题文献的来源等；研讨时对题不对人，针对问题提出具体的改进建议。区域教师通力合作完成课堂诊断和检查学习目标达成情况的课尾五分钟检测题的命制，使用反馈工作，形成动态研究。

全体课题组成员参与课尾五分钟评价课堂目标达成度检测题的选题、改题、命制等工作，并应用于课堂教学，通过分析学生答题情况检测和评价课堂学习目标的达成情况，并评价试题。

（一）分析格式要求

1. 选择题质量分析格式

第 题（平均分： 难度：0. ）

题号：5 号宋体加粗蓝色字体，顶格

小标题：5 号宋体加粗黑色字体，缩进 2 格 正文：5 号宋体黑色字体 行距：单倍行距

（1）知识覆盖情况和能力要求；

（2）正确答案；

（3）常见错误选项和错因分析（根据学生答题情况进行分析）；

（4）针对出现的问题，提出教学对策建议；

（5）对试题的评价［命题的导向性（新课程理念的体现等）、创新性（角度、思路的新颖性等）、规范性。该题命题时有没有需要注意的，选项可不可以改

编得更好]。

2. 非选择题分析格式

第 题（区平均分： 区难度：0. ）

（1）知识覆盖情况和能力要求；

（2）本题的评分细则；

（3）典型错误及错因分析（根据学生答题情况分析）；

（4）针对出现的问题，提出教学对策建议；

（5）对试题的评价[命题的导向性（新课程理念的体现等）、创新性（角度、思路的新颖性等）、规范性。该题命题时有没有需要注意的，小题可不可改编得更好]。

题号：5号宋体加粗蓝色字体，顶格

小标题：5号宋体加粗黑色字体，缩进2格
正文：5号宋体黑色字体
行距：单倍行距

（二）合作命题具体分工

表4-1-1　任务分工表

学校	章节
A校	1.1.1，1.1.2，1.4.4，2.1.2，2.1.3，4.3.3，4.3.4，5.3.3，5.3.4
B校	1.2.2，2.1.1，4.2.1，4.2.2，5.3.1
C校	1.4.1，2.3.3，4.2.3，4.2.4，5.2.1
D校	1.2.复习，1.4.2，2.2.3，4.3.2，5.3.2
E校	1.3.1，2.3.2，4.4.4，5.3.1，5.3.2，5.3.3
F校	1.3.1，1.3.2，2.4.1，2.4.2，4.3.1，5.1.3，5.1.4
G校	2.3.4，4.4.3，5.2.3
H校	1.3.3，第三章复习 2.2.2，4.4.1，4.4.2，5.4.1，5.4.2，5.4.3
I校	1.2.1，1.2.2，1.2.3，4.1.1，4.1.2，5.1.1，5.1.2
J校	1.3.2，2.3.1，4.1.3，5.2.2

说明："1.2.3"中"1"指必修1，"2"指第二章，"3"指第3节，依此类推。"2.1.3"中"2"指必修2，"1"指第一章，"3"指第3节，依此类推。

教师自主命题和集体合作研讨，第一，有利于促使教师对知识点和具体要求进行梳理和分类，从而提高其对教学内容的把握能力，而这种能力对一位教师的成长是非常重要的。第二，有利于控制试卷难度，发挥考试对学生后续学习的激励作用，让学生在考试成功的喜悦中开始新的学习。第三，有利于提高教师对各类统一考试的把握能力，从而提高教师组织复习迎考的能力。

第二节　命题比赛，提高教师的命题水平

提高教师的命题水平，需要搭建实践研修平台。我们通过两种研修方式来提升教师的命题水平：一种是以互动交流为主要特征的命题竞赛活动；另一种是以自主设计为主要特征的现场命题比赛。

一、说题竞赛活动

为了提升教师的命题能力，给教师提供一个交流展示的平台，同时为命制区域高三化学模拟试题提供素材，区内征集原创或改编的试题，评选出的优秀案例在区域教研活动中做展示和说题交流。

先拟定开展互动交流命题竞赛活动规则，动员教师积极参加，明确征集内容、活动要求、评选办法，发出通知和提供方案。（具体见附录一和附录二）

图4-2-1 "说题"活动现场

图4-2-2 "说题"活动现场

二、命题竞赛活动

（一）互动交流的命题竞赛活动

命题竞赛活动实践流程：试卷征集—专家初评—现场陈述与答疑—专家点评—试卷改进。

（1）征集试卷阶段。每学期开学初发出通知，对命题范围、命题要求、文本格式以及活动组织方式，提出明确要求。

（2）专家初评阶段。邀请学科专家对试卷进行初评。主要从试卷结构、命题意图说明、评分细则、主要创新等方面进行评分。通过初评确定试卷档次，试卷档次分一、二、三、四档。

（3）现场陈述与答疑阶段。初评确定为一档试卷的主命题教师做现场陈述和答辩，确定一等奖。在区教研中组织全区高中化学教师参与现场陈述与答辩活动。这一环节包括：试卷结构特点的总体阐述，使现场人员对试卷有个大概了解；典型试题例说，参考文献，对原创性、创新性的题目进行介绍展示；回答评委提问，主命题教师在规定的时间内说出评委随机指定的试题的命题意图、考查目的、难度预测等；回答场内教师提问，场内教师针对命题者的陈述提出问题，参加活动的教师、评委、命题者共同讨论析疑。

（4）专家点评阶段。专家点评既可以从学科教学与考试评价如何进行结合的角度就某张试卷、某道题进行深入剖析，也可以从评价研究的角度对本次活动的价值进行多角度的挖掘，还可以从试题考查学生的素养层面进行评说。

（5）试卷改进阶段。在陈述、点评的基础上，命题者对照质疑点评过程中形成的共识结合自己的试卷，进行修正、润色，并把改进后的试卷进行应用。

在整个活动中，命题的设计意图阐述十分重要，它可以促进教师对所命题目的理性思考和分析，可以推动教师对教学目标的反思和课堂执行力的反思。现场陈述与答疑是关键环节，它可以引发互动，促进参与者不断反思并改进自己的试卷，提高全体参与者的命题水平。

（二）举行现场命题比赛活动

在教师充分准备的前提下，提供相关材料，组织现场命题比赛。比赛内

容包括试题评价、试题改编、根据材料及要求自主命题三个部分。

第一部分试题评价，即分析试题考查了哪些知识点、能力、素养；学生在解答该题时可能会出现哪些错误，产生的原因主要是什么；在教学中，应该采取什么教学策略等。

第二部分试题改编，一般来说有两种方法：一是取其情景，从不同角度设置问题；二是取之数据（信息），结合新情景设置题目。

第三部分自主命题，即根据要求和素材现场命制试题。

现场比赛试题实例：

2016年广州市区高中化学教师命题比赛试题

学校：_____　　　　　　姓名：_____

【作答时间】90分钟

【作答要求】

1. 解答以下两道化学试题，需有详细解答过程；

2. 就第一题进行15分钟的讲题设计撰写；

3. 就第二题的题干进行命题的改编设计，并写出解答过程，改编题数不限。

【试题】

第一题（解题15分 + 讲题设计35分）

二氧化氯（ClO_2）是极易溶于水且不与水发生化学反应的黄绿色气体，沸点为11℃，可用于处理含硫废水。某小组在实验室中探究 ClO_2 与 Na_2S 的反应。回答下列问题：

（1）ClO_2 的制备（已知：$SO_2+2NaClO_3+H_2SO_4=2ClO_2+2NaHSO_4$）

下图是制取和收集 ClO_2 的实验装置示意图：

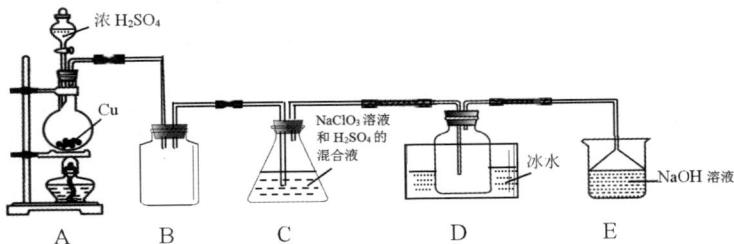

① 装置 A 中反应的化学方程式为_____。

② 装置 B 的作用是_____。

③ 装置 D 的作用是_____。

（2）探究 ClO_2 与 Na_2S 的反应

将上述收集到的 ClO_2 用 N_2 稀释以增强其稳定性，并将适量稀释后的 ClO_2 通入下图所示装置中充分反应，得到无色澄清溶液。一段时间后，通过下列实验，探究 Ⅰ 中反应的产物。

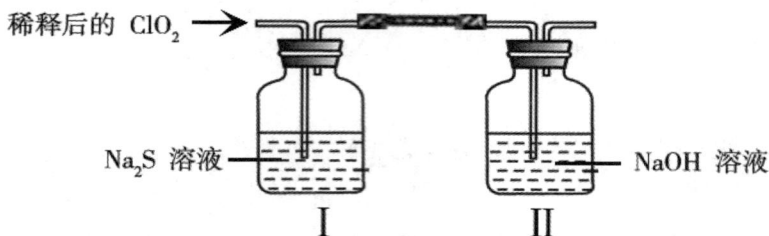

	操作步骤	实验现象	结论
①	取少量Ⅰ中溶液于试管甲中，滴加品红溶液和盐酸	品红溶液始终不褪色	无_____生成
②	另取少量Ⅰ中溶液于试管乙中，加入 $Ba(OH)_2$ 溶液，振荡	_____。	结合步骤①可知，有 SO_4^{2-} 生成
③	继续往试管乙中滴加 $Ba(OH)_2$ 溶液至过量，静置，取上层清液于试管丙中，滴加_____	有白色沉淀生成	有 Cl^- 生成

综上所述，ClO_2 与 Na_2S 反应的离子方程式为_____，用于处理含硫废水时，ClO_2 相对于 Cl_2 的优点是_____（任写一条）。

第二题（解题 20 分 + 命题设计 30 分）

石墨在材料领域有重要应用，某初级石墨中含 SiO_2（7.8%）、Al_2O_3（5.1%）、Fe_2O_3（3.1%）和 MgO（0.5%）等杂质，设计的提纯与综合利用工艺如下：

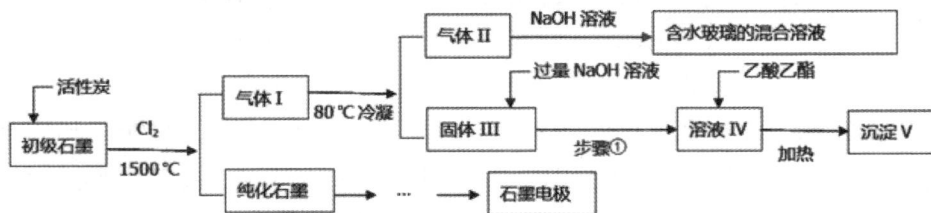

（注：$SiCl_4$ 的沸点为 57.6 ℃，金属氯化物的沸点均高于 150 ℃）

（1）向反应器中通入 Cl_2 前，需要通一段时间 N_2，主要目的是_____。

（2）高温反应后，石墨中氧化物杂质均转变为相应的氯化物，气体Ⅰ中的碳氧化物主要为_____，由气体Ⅱ中某物质得到水玻璃的化学反应方程式为_____。

（3）步骤①为搅拌、_____，所得溶液Ⅳ中的阴离子有_____。

（4）由溶液Ⅳ生成沉淀Ⅴ的总反应的离子方程式为_____，100 kg 初级石墨最多可获得Ⅴ的质量为_____kg。

（5）石墨可用于自然水体中铜件的电化学防腐，完成下图防腐示意图，并做相应标注。

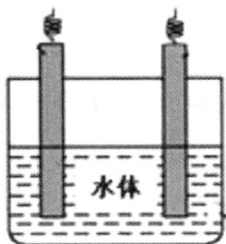

通过现场命题比赛，强化教师研究试题的意识，引导教师深入研究高考试题，把握高考命题规律和命题方向，促进教师深入理解和准确把握课标内涵、学科价值，提高教师的学科素养和教学能力。总体来说，提高教师的命题能力需要学习培训，更需要实践锤炼。

第三节　加强试题评价，把握命题规律

"有考试无对试题的评价"，一直是教学或备考复习的重要欠缺。斯塔弗尔比姆指出："评价最重要的意图不是为了证明，而是为了改进。"教师通过分析评价试题及有关考试的数据，有利于认识"教"与"学"的欠缺，及时改进和提高教学。"研究试题就是和命题专家对话。"教师应深入研究试题，领会试题的设计思路和考查意图，反思"教"与"学"存在的问题与不足，变革教学与复习。

一、实施试题评价的目的——改进和提高

对于命题者来说，评价是为了改进命题；对于应试者来说，评价是为了改进教学。

当前的考试特别是高考既要体现育人功能，又要实现选拔功能。题中之意体现立德树人是首要功能，选拔是核心功能。因此，高考试题首先要有利于高校选拔新生，体现能力立意，结构稳定；其次要有利于考生健康成长，正常发挥，维护公平，切合实际；最后要有利于学科课程进步，反拨教学，促进改革，和谐发展。平时教师选择、改编或命制的试题都应从这几个方面来考虑。

二、评价试题的视角

高考命题改革特别是考试内容的优化，使高中"教"与"学"多年存在的问题和不足日益显露出来，如阅读理解力欠缺，知识面狭窄，阅读量小；对重要事实、概念、原理的理解深度、广度不够；知识整合不到位，没有形成完整的学科体系；独立思考能力和创新能力缺失；答卷规范、解题技巧和书面表达水平亟待提高等。全国卷高考命题规律体现了考查学生的学习过程、解释、方法三个方面，即强调知识体系构建的过程；着力考查学生独立分析解

决问题的思维过程；突出重要概念和原理的深度理解、准确阐释以及灵活运用；注重学科思想和方法；体现了对学科专业水平和一定学术高度的考查。

对试题的评价可从以下四个视角进行。视角一：试题是否展现成果，突出贡献，发挥学科育人功能；视角二：试题的情境是否真实，应用导向，聚焦化学学科核心素养；视角三：试题是否数据翔实，达到测评学生的化学学科关键能力；视角四：试题是否依据大纲，回归教材，考查学生的学科必备知识。

三、试题评价案例

全体教师参与评价各种考试试题，能有效提高他们的试题研究水平、试题鉴别能力和选题组卷能力，进而提升复习指导水平和教学成绩。因此，每次区域统一考试后，我们都会组织教师对试题进行评价。以下是区域联考后教师对试题的评价案例。

案例 1：利用硅烷法生产高纯多晶硅是非常优异的方法。用粗硅做原料，熔融盐电解法制取硅烷原理如图。下列叙述错误的是（　　）。

A．电源的 A 极为负极

B．可选用石英代替粗硅

C．电解时，熔融盐中 Li^+ 向阴极移动

D．阳极反应：$Si+4H^--4e^- = SiH_4\uparrow$

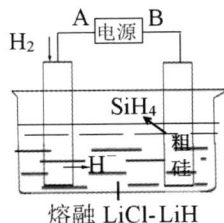

答题情况分析及试题评价（难度：0.68）

1. 知识覆盖情况和能力要求

考查陌生情境下电解池知识的理解和应用，要求能从化合价变化的角度判断得失电子、正负极、阴阳极，由装置图给出的信息推导出装置中离子的移动方向及陌生电极反应的书写。

2. 本题的评分细则

正确答案选 B，错选、漏选或多选均为 0 分。

3. 典型错误及错因分析（根据学生答题情况分析）

选项	A	B	C	D
选率	11.1%	67.7%	9.4%	11.8%

错选 A，C，D 的考生均有，比例差不多。说明这部分考生对电解池的基本原理还不熟悉，不能从化合价及得失电子的角度来理解电解池的反应。氢元素显 –1 价，这对于部分学生来说比较陌生，但氢元素显 –1 价在高一时已经接触过，说明学生未能从图中给出的信息里获取有效信息从而判断阴阳极和电极反应。

4. 针对出现的问题，提出教学对策建议

该题的答题关键是能看懂装置图的内容，明确这是电解池装置，用化合价升降来判断得失电子的材料，从而判断电极、电极反应再进行解答。在电解池原理的讲解中，可利用实物制作电解池的微观原理图，让学生可以清晰地看到电解池，多让学生分析解释其中的微观过程，从而建立起电解池的认识模型。

5. 对试题的评价 [命题的导向性（新课程理念的体现等）、创新性（角度、思路的新颖性等）、规范性]

该试题用了一个新的情境来考查熟悉的知识，用熔融盐电解法制取硅烷原理，题目难度并不大，从多个角度考查了学生对电解的基本知识点。变化的只是考查方式而已，体现了知识的基础性和发展性。

案例 2：298 K 时，在 20.0 mL 0.10 mol·L^{-1} 氨水中滴入 0.10 mol·L^{-1} 的盐酸，溶液的 pH 与所加盐酸的体积关系如图所示。已知 0.10 mol·L^{-1} 氨水的电离度为 1.32%，下列有关叙述正确的是（   ）。

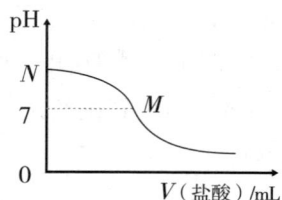

A．该滴定过程应该选择酚酞作为指示剂

B．N 点处的溶液中 pH<12

C. M 点处的溶液中 $c(NH_4^+) = c(Cl^-) = c(H^+) = c(OH^-)$

D. M 点消耗 $V(HCl)$ 大于 20 mL

答题情况分析及试题评价（难度：0.4）

1. 知识覆盖情况和能力要求

考查电解质在水溶液中的行为，从离子反应、电离平衡的角度认识电解质水溶液的组成、性质和反应。

2. 本题的评分细则

正确答案选 B，错选、漏选或多选均为 0 分。

3. 典型错误及错因分析（根据学生答题情况分析）

选项	A	B	C	D
选率	39.6%	18.1%	33.3%	9%

错选 A，C，D 的考生均有，最多同学错选 A，达到 39.6%。错选 A 的同学惯性使然，课本包括习题很多时候都是使用酚酞作为指示剂，学生习惯选之，说明学生并没有从根本上理解酸碱中和滴定时 pH 突变的意义和带来的影响，不能选择正确的指示剂。错选 C 的同学，同样是没有理解好电解质水溶液的组成，水的电离是很微弱的，盐完全电离。错选 D 的同学，没有弄懂该溶液中的反应，氨水与盐酸反应后生成氯化铵，铵根离子水解显酸性，没有将水解平衡与溶液的反应结合起来。

4. 针对出现的问题，提出教学对策建议

通过对电离平衡、水解平衡等存在的证明，形成并发展学生的微粒观、平衡观和守恒观；关注水溶液体系的特点，结合实验现象、数据等证据素材，引导学生形成认识水溶液中离子反应与平衡的基本思路。可以通过让学生画微观示意图、解释宏观现象等具体任务进一步了解学生对水溶液体系认识的障碍点，从而有所突破。在进行酸碱中和滴定实验的时候，注意实验前的分析预测和对实验现象的分析解释，尤其是 pH 突变这一现象，可通过具体的数据证据来让学生理解。

5. 对试题的评价 [命题的导向性（新课程理念的体现等）、创新性（角度、思路的新颖性等）、规范性]

该试题来源于 2016 年全国 I 卷，所考查的知识点都是选修 4 涉及的，很适合作为高二测试题。本题重视学生对溶液中离子的行为的理解，突出对溶液中溶液成分的分析及实验过程现象的理解，这些都是选修 4 教学中的重点和难点。

案例 3：25 ℃ 时，某溶液中只含有 Na^+，H^+，OH^-，A^- 四种离子。下列说法正确的是（ ）。

A．对于该溶液一定存在：$pH \geqslant 7$

B．在 $c(OH^-)>c(H^+)$ 的溶液中不可能存在：$c(Na^+)>c(OH^-)>c(A^-)>c(H^+)$

C．若溶液中 $c(A^-) = c(Na^+)$，则溶液一定呈中性

D．若溶质为 NaA，则溶液中一定存在：$c(Na^+)>c(A^-)>c(OH^-)>c(H^+)$

答题情况分析及试题评价（难度：0.49）

1．知识覆盖情况和能力要求

考查从电离平衡、水解平衡的角度认识电解质溶液的组成、性质等知识，要求能从电离、水解平衡的角度分析溶液的性质，如酸碱性、导电性等。

2．本题的评分细则

正确答案选 C，错选、漏选或多选均为 0 分。

3．典型错误及错因分析（根据学生答题情况分析）

选项	A	B	C	D
选率	10.6%	14.9%	49%	25.5%

错选 D 的同学最多，有 25.5%，错选原因主要是思维定式，默认 HA 一定是弱酸，没有考虑到当 HA 是强酸、NaOH 过量时也能出现这种情况；错选 A 的同学没有考虑到溶液呈酸性的情况；错选 B 的同学没有考虑到 NaOH 过量的情况。

4．针对出现的问题，提出教学对策建议

从电离、水解平衡的角度分析溶液的性质，如酸碱性、导电性等是认识水溶液的重要内容，需要结合实验现象和数据等证据素材形成并发展学生的守恒观，并且经过多次反复分析使学生学会运用守恒观。

5．对试题的评价　[命题的导向性（新课程理念的体现等）、创新性（角度、思路的新颖性等）、规范性]

该题目属于常见题型，利用溶液中离子的行为考查守恒观，考查学生分析溶液性质的能力，知识点本身并不复杂，但结果很不理想，说明学生对微观知识、纯理论知识的理解和应用存在困难。本题重视结合守恒思想对溶液中成分进行分析，突出了化学学科核心素养，突出对学生系统思维能力的培养，有很好的高考导向性。

第五章

命题研究成果

一、深入研究某一知识点，形成题组

元素及其化合物知识是历届学生学习的难点，有关如何很好地突破此难点的研究也有很多。笔者通过命制相应题组，帮助学生进行突破，收到明显的效果。

应用铝及其化合物的两性性质、可酸溶或碱溶的原理、工业从铝土矿中提取氧化铝的方法，设置试题一。

人教版必修 1–P77 "科学视野" 中有句话：由于 Al 与 Si 在元素周期表中位置相邻、粒子大小相近，+3 价的铝常或多或少地置换硅酸盐中 +4 价的硅而形成铝硅酸盐。在学生的已有知识中钠盐都可溶，但查文献资料可知 $Na_2Al_2Si_2O_8$ 是沉淀，把这一知识设置成试题二的信息，考查学生获取信息的能力。

试题一（2015 年区高一期末试题 30 题）

铝土矿主要成分是 Al_2O_3，含 SiO_2，Fe_2O_3 杂质，下图为从铝土矿中提取 Al_2O_3 的流程。

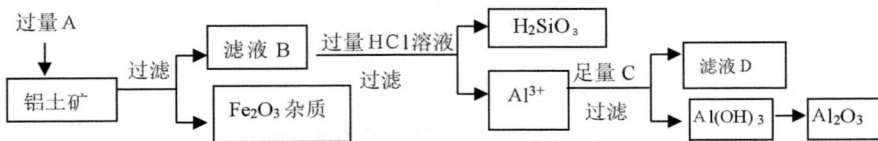

请回答下列问题：

（1）加入的试剂 A 是_____。

（2）生成滤液 B 的离子方程式为_____，_____。

（3）加入的试剂 C 是_____（写名称），反应的离子方程式为_____。

（4）$Al(OH)_3 \rightarrow Al_2O_3$ 的化学方程式为_____。

（5）写出 Al_2O_3 的一种用途＿＿＿＿＿＿＿＿＿＿＿＿＿＿＿＿＿＿＿。

【答案】

（1）NaOH 溶液

（2）$Al_2O_3+2OH^- = 2AlO_2^-+H_2O$　　$SiO_2+2OH^- = SiO_3^{2-}+H_2O$

（3）氨水　　$Al^{3+} + 3NH_3 \cdot H_2O = Al(OH)_3 \downarrow +3NH_4^+$

（4）$2Al(OH)_3 \stackrel{\triangle}{=\!=} Al_2O_3+3H_2O$

（5）冶炼金属铝的原料（或比较好的耐火材料等，合理答案均给分）

试题二（2017 区域高三摸底考试 28 题）

铝是应用广泛的金属。以铝土矿（主要成分为 Al_2O_3，含 SiO_2 和 Fe_2O_3 等杂质）为原料制备铝的一种工艺流程如下：

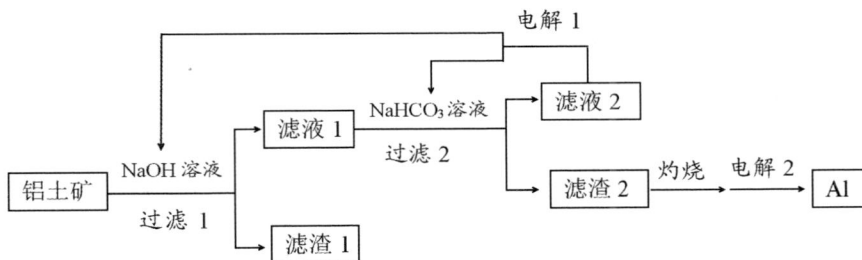

已知：溶液中的硅酸钠与偏铝酸钠反应，能生成硅铝酸盐沉淀，化学反应方程式为 $2Na_2SiO_3+2NaAlO_2+2H_2O = Na_2Al_2Si_2O_8 \downarrow +4NaOH$

回答下列问题。

（1）铝土矿主要成分 Al_2O_3 与 NaOH 溶液反应的离子方程式为＿＿＿＿＿＿＿＿。

（2）提高铝土矿浸取率的方法有＿＿＿＿＿＿＿＿＿＿＿＿＿＿（任写一种）。

（3）滤渣 1 的成分是＿＿＿＿＿＿＿＿＿＿＿＿＿＿＿＿＿。

（4）向"滤液 1"中加入 $NaHCO_3$ 溶液，溶液的 pH＿＿＿＿＿＿＿（填"增大""不变"或"减小"）。

（5）写出"电解 2"的化学方程式＿＿＿＿＿＿＿＿＿＿＿＿＿＿＿。

（6）"电解 1"是电解 Na_2CO_3 溶液，原理如图所示。阳极的电极反应式为＿＿＿＿＿＿＿＿＿，阴极产生的物质 A 的化学式为＿＿＿＿＿＿＿＿＿，上述流程中可循环利用的物质有＿＿＿＿＿＿＿＿＿＿。

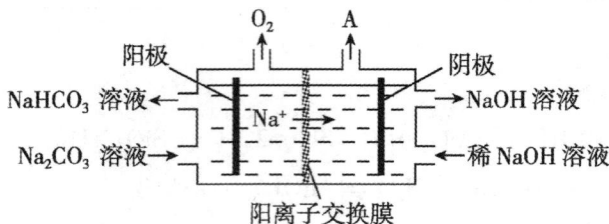

【答案】

（1）$Al_2O_3+2OH^- = 2AlO_2^-+H_2O$

（2）加入过量的氢氧化钠溶液　延长浸出时间　粉碎铝土矿　搅拌（任写一种）

（3）Fe_2O_3 和 $Na_2Al_2Si_2O_8$

（4）减小

（5）$2Al_2O_3（熔融）\xrightarrow{电解} 4Al+3O_2 \uparrow$

（6）$4CO_3^{2-}+2H_2O-4e^-=4HCO_3^-+O_2 \uparrow$

　　　（或 $2H_2O-4e^-=O_2 \uparrow +4H^+$　或 $CO_3^{2-}+H^+=HCO_3^-$）

　　　H_2　NaOH 溶液和 $NaHCO_3$ 溶液

（学生答题情况区平均分：4.55　区难度：0.3）

命题意图：本题以铝土矿制备铝的工艺流程为背景，考查学生元素及其化合物的知识，离子方程式、化学方程式的书写；考查学生是否了解工业上提高浸取率的方法；考查学生能否根据流程图并结合元素化合物的知识分析滤渣的成分和可循环利用的物质；考查学生能否根据信息和元素化合物的知识来分析溶液 pH 的变化；考查学生能否使用电解池的知识结合题目图像信息分析反应过程并书写电极方程式。

二、建立"6+1"试题题库

《普通高中化学课程标准》是普通高校招生化学科考试的命题依据，它在"评价建议"中指出高中化学评价既要促进全体高中学生在科学素养各个方面的共同发展，又要有利于高中学生的个性发展，努力将评价贯穿于化学学习

的全过程。因此，本课题研究的内容，是以《普通高中化学课程标准（2017年版）》为指导思想，以人教版高中化学教材必修1、必修2、选修4、选修5的内容为载体，以各年级中心组组长为核心成员，通过区内10所高中全体化学教师共同实践探索完成了"6+1"试题的命制方法、技巧和策略的研究，以及对学生答题情况的分析和对试题的评价。"1"指的是诊断课堂教学目标达成度的试题，即在进行教学设计时，根据教学目标配套命制3~5道小题或1道大题，用于课尾五分钟进行测试，检测课堂效率。"6"指的是高一高二每学期的期中考、高三每学年的区一模及二模，共六份试题。形成从每节课到阶段性再到综合检测教学效果的评价模式。我们课题组已对高中化学知识点进行全面、系统的研究，针对每一知识点基于学科核心素养培养目标命制了一定数量的题目，初步建立高中化学试题库及题库使用指引。具体如下图所示：

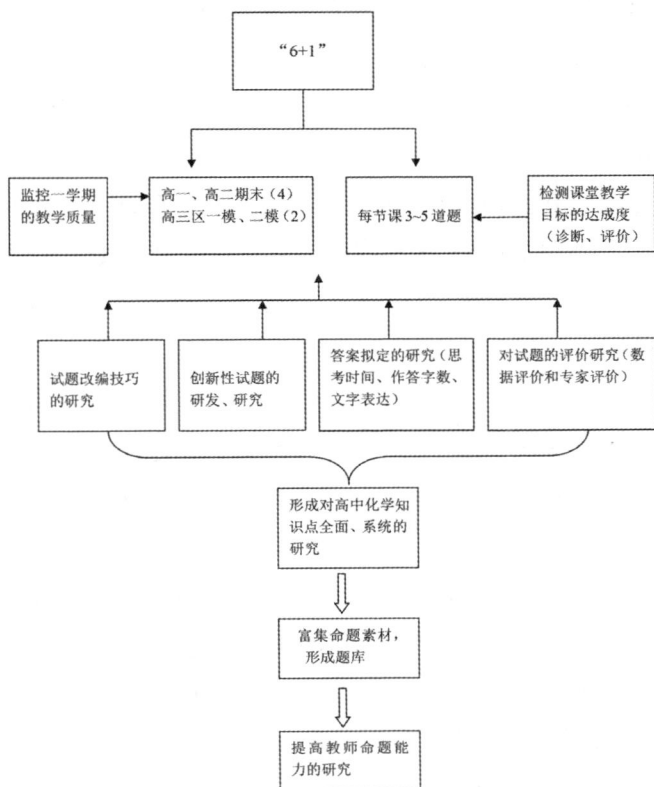

图5-1-1　"6+1"试题题库

分类建立题库包括：①必修1、必修2、选修4、选修5每课时对应教学目标的课尾五分钟评价课堂教学目标试题库。②人教版化学必修1、必修2、选修4、选修5模块测试题题库。③高三摸底考理综化学试题题库以及试题评析。④以教材为素材命制系列试题题库（有机、电化学、元素化合物、高三专题等）。⑤高质量原创性试题题库。

"1"试题的命制范例见附录四。

"6"试题的命制范例见附录五。

三、专家对成果的学术价值和应用前景的评价

纸笔测试是当下和将来一段时间对学生进行评价的重要方式。本研究具有非常重要的实际应用价值，能促进教师深入理解和准确把握课标内涵、学科价值，提高教师的学科素养和教学能力。对测试的命题进行研究可提升教师理解教材、设准目标、把准学情、了解课堂、反思与矫正等多方面的能力，试题库的建成有良好的社会价值。

研究的切入点好。特别是"6+1"中的"1"，每堂课通过3~5道选择题了解学生"学"和教师"教"的情况，诊断和评价课堂教学目标的达成情况，非常有实效、有价值。

本研究是有生命力的动态研究。"研""学""教"三结合，通过命题研究促进教师专业素养的提升，将所命制的试题用于学生反馈，发现学生的不足，因此这不是静态的命题研究，是有持续发展力的动态教学研究；课题平台使教师个人研究、校本教研与区域教研联系在一起，提升区域内教师的教学教研水平。

命题研究的关键之一是教师学会选择和分析现有题目。课题组培训教师学会评价和欣赏现有题目的研究过程本身就是个成果，对中学教学有指导意义。在区内学校推广应用，效果良好。各类试题集同类学校可直接使用，提高教师命题能力的实践探索各区或学校也可借鉴推广。

附录一　关于开展区域高中化学教师"说题"活动的通知

　　为了提升我区教师的命题能力，给教师们提供交流展示的平台，并为命制区域高三化学模拟题提供素材，将于 2013 年 5 月举行高中化学教师"说题"活动。现开始征集原创或改编的试题，届时由专家评选出优秀案例并由相应命题教师在区教研活动中做展示和说题交流。

　　具体安排如下：

一、征集内容

　　高考化学四道大题的模拟题，包括有机题、工业流程图题、原理题、化学实验题。

　　包括：

　　（1）命制试题的说明稿（Word 文稿）和说题 PPT 各一份。

　　（2）试题说明稿和 PPT 包含：①试题考查的双向细目表；②难度（0.6 左右）；③试题的背景来源及原题考查的知识技能、学科素养、解题思路；④设计思路、考查的目的；⑤反思解题的思维方法等环节的内容。

　　（3）PPT 展示改编后的试题：题目、设问、分值、答案。

　　（4）说题要求。

　　高三二轮后的复习策略是"查漏补缺、培养技能、建立解题思维模式和方法"，使得学生一看到常规题，就能知道考什么知识和能力、解题步骤怎么样、常见的解题方法有哪些等。因此，说题时要说明命题意图，考查的知识点和能力要求，学生须具备的答题技能等。

二、活动要求

（1）每位高三化学教师和"高中化学过程性纸笔测试命题研究"课题组成员至少交一道题，欢迎多送。高一、高二化学教师欢迎参加。

（2）作品要求原创或改编，严禁不经改动抄袭。

（3）资料集中打包递交，命名格式为：题型＋学校＋教师姓名。

（4）交稿截止时间：2013 年 5 月 17 日，电子稿资料发送到相应邮箱，留意接收回执。

三、评选办法

（1）由区教育发展中心组织评委专家进行初选，入选案例在第十四周区教研活动中进行说题展示。

（2）展示活动中，现场老师进行评议打分。

（3）结合评选委员和现场老师的打分得出最后评选结果。

（4）向参加说题展示的老师颁发中心发言证书，其他参赛老师颁发资料交流证书，抄袭或劣质作品除外。

附录二 原创或改编化学试题的说题方案（正案）

一、任务

高三教师每人至少原创或改编一道试题（欢迎原创，但要注意科学性），上交说题的 Word 文档和 PPT 文件。

二、说题活动时间安排

（1）上交时间：十三周周四前（5月3日前）上传到相应邮箱。

（2）说题活动地点：×× 中学；时间：第十四周星期五下午 2∶30（区教研）。

三、关于原创或改编试题的要求

1. 试题改编要有的放矢

试题改编的目的是什么？应该为教学服务，也可以作为考前押题的个人爱好。在教学中，对于学生考不好的知识或者技能部分我们总想找到相应适合的"好题"来解决这个问题，但多数时候找到的题不尽如人意。改变设问、改变训练的方向，达到训练知识和技能的目的。

如果是自己的训练用题，则在一至两个"点"做"组合式训练"设问。如果是考试试题，则要综合考虑：知识考什么、技能考什么、化学思想考什么、解题方法考什么、思维品质考什么等几个主要方面。

2. 背景来源

教材、高考题、复习训练题等知识内容。素材真实，数据科学。

3.试题改编紧扣教材

不偏离教材，不无限拓展教材。可以挖掘教材、理解教材。例如，对"化学键"内容，应该考到认识和体会，而不拓展复杂粒子电子式的书写；不拓展配位键和氢键。

4.试题改编紧扣考纲

认真研读考纲，不超纲，不加重学生负担。例如，考纲中对有机化合物的同分异构体，考查要求是否包括手性异构体，在改编中要不要涉及这个训练方向等。不要被备课的复习资料左右。

5.试题改编紧扣学情

训练题的改编根据学生实际考虑现实与发展的要求，不低于学情，稍高于学情，适合发展的要求。

6.试题改编要预测难度

一般的得分率控制在 60% 左右。

四、关于说题过程

（1）说原题及来源。

（2）说原题考查的知识、技能、化学思想、解题方法、思维品质、教材内容、考纲考点、大概难度八个方面。

（3）PPT 展示改编后的试题：题目、设问、分值、答案。

（4）说改编的目的。

（5）说改编后考查的知识、技能、化学思想、解题方法、思维品质、教材内容、考纲考点、大概难度八个方面。

（6）说反思。

反思解题本身是否正确。

反思有无其他解题方法。

反思结论或性质在解题中的作用。

反思解决问题的思维方法能否迁移。

（7）说教法。

二轮复习的策略是"简单梳理知识、重点培养技能、建立解题模式和方法"，

使学生一看到常规题，就能知道考什么知识和能力、解题步骤怎么样、常见的解题方法有哪些等。因此，说题时要说明命题意图，考查的知识点的能力和素养要求，学生须具备的答题技能等。

五、参考案例

30.（16分）黄酮醋酸（F）具有独特抗癌活性，它的合成路线如下：

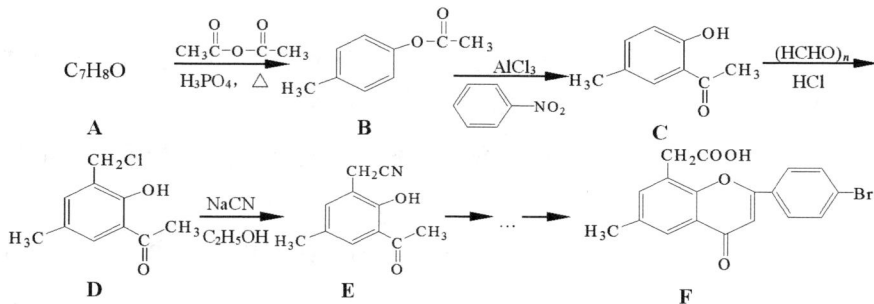

已知：RCN 在酸性条件下发生水解反应：$RCN \xrightarrow{H_2O,\ H^+} RCOOH$。

（1）已知 A 转化为 B 的同时还生成了乙酸，则 A 的结构简式为_____，该反应类型是_____。

（2）E 的分子式为_____。

（3）F 分子中有 3 个含氧官能团，名称分别为醚键、_____和_____。

（4）写出 D 与过量氢氧化钠水溶液反应的化学方程式：_____。

（5）写出两个符合下列条件的 C 的同分异构体的结构简式_____、_____。

①能与 $NaHCO_3$ 反应生成 CO_2；②苯环上有两种不同化学环境的氢原子。

【试题来源】模拟题

【原题考查的内容】

1. 知识：分子式和结构简式的书写、官能团的认识和名称的书写。

2. 技能：写有机化学方程式、对取代反应的理解和应用能力、获取新信息的能力、获取信息并书写同分异构体的能力。

重点在物质性质、化学用语、获取和运用信息的能力。

3. 化学思想：原子守恒在变形中的应用、官能团衍变、对断键和成键的

演绎推理。

4. 解题方法：读题 → 重点在官能图的衍变 → 新信息的迁移（对断键和成键的认识）→ 解决问题 。

5. 思维品质：对比、判断、综合、归纳、应用。

6. 教材内容：卤代烃、酚、羧酸、酯、取代反应、中和反应等。

7. 考纲考点：

【知识考点】

（1）了解有机化合物中碳的成键特征，了解有机化合物的同分异构现象，能判断简单有机化合物的同分异构体（不包括手性异构体）。

（2）了解常见有机化合物的结构。了解有机分子中的官能团，能正确地表示它们的结构。

（3）了解卤代烃、醇、酚、醛、羧酸、酯的典型代表物的组成和结构特点以及它们的相互联系 。

（4）了解上述有机化合物发生反应的类型，如加成反应、取代反应和消去反应等。

【能力考点】

能够从试题提供的新信息中，准确地提取实质性内容，并与已有知识块整合，重组为新知识块的能力。

8. 难度：0.55~ 0.60。

【改编的试题】

题目同上

（1）写出 E 的分子式_____。

（2）对于 D 物质的化学性质，下列说法正确的是_____。

A. 该物质不能使酸性高锰酸钾溶液褪色

B.1 mol D 与氢氧化钠溶液反应，耗 NaOH 1 mol

C.1 mol D 进行催化加氢，最多耗 H_2 4 mol

D. 该物质能发生酯化反应

（3）B 物质同时满足下列条件：①含有一个苯环，苯环上有两个取代基；②能使 $FeCl_3$ 溶液显紫色；③能发生银镜反应的同分异构体有_____种，写出

任意两种的结构简式_____。

（4）已知 A 转化为 B 的同时还生成了乙酸，该反应类型是_____，写出该反应的化学方程式_____，

【改编后考查的内容】

1. 知识：分子式和结构简式的书写、官能团的认识和名称的书写。

2. 技能：写有机化学方程式、对取代反应的理解和应用能力、获取新信息的能力、获取信息并书写同分异构体的能力。

3. 化学思想：原子守恒在变形中的应用、官能团衍变、对断键和成键的演绎推理。

4. 解题方法：读题 → 重点在官能图的衍变 → 新信息的迁移（对断键和成键的认识）→ 解决问题。

5. 思维品质：对比、判断、综合、归纳、应用。

6. 教材内容：卤代烃、酚、羧酸、酯、取代反应、中和反应等。

7. 考纲考点：

【知识考点】

（1）了解有机化合物中碳的成键特征，了解有机化合物的同分异构现象，能判断简单有机化合物的同分异构体（不包括手性异构体）。

（2）了解常见有机化合物的结构。了解有机分子中的官能团，能正确地表示它们的结构。

（3）了解卤代烃、醇、酚、醛、羧酸、酯的典型代表物的组成和结构特点以及它们的相互联系。

（4）了解上述有机化合物发生反应的类型，如加成反应、取代反应和消去反应等。

【能力考点】

能够从试题提供的新信息中，准确地提取实质性内容，并与已有知识块整合，重组为新知识块的能力。

8. 难度：0.55

【答案】略

附录三 高中化学教师命题现状调查问卷

尊敬的老师：

您好！

为了开展"高中化学过程性纸笔测试命题研究"的课题研究，特对我区高中化学教师命题现状进行调查，恳请您配合完成这份调查问卷，在此感谢您在繁忙的工作之余接受我的调查。这次调查活动可能要占用您大约5~10分钟的时间。本问卷以不记名的方式进行，内容不涉及个人隐私，调查结果只用于数据统计分析，不涉及对任何学校和个人的评价，研究报告中也不出现任何单位和个人的资料，请您如实回答。再次感谢您的合作与支持！

您的性别：女（　　）男（　　）

您的年龄：_____岁。

您的教龄：_____年。

您目前所教年级：_____。

您的职称：中教二级（　）中教一级（　）中教高级（　）专职实验员（　）

您的学历：全日制硕士（　）在职硕士（　）本科（　）专科（　）

一、选择填空：请您在横线上填写您认为最符合的选项字母。

1. 你多长时间命一份试卷？_____

A. 两周　　B. 一个月　　C. 半学期　　D. 一学期

2. 您命题的主要途径和方法_____。

A. 直接用教辅上的题或直接使用网上下载的原题

B. 若干试题集中选或网络中下载进行剪切粘贴整合

C. 尝试依据教学实际自主地进行有针对性的命题

D. 原创、引用、整合、改编形成一套试题

3. 您自行命题的机会_____。

A. 课堂小测　　　　　　　　B. 周测

C. 月考、期中考试　　　　　D. 期末与高考模拟试题

4. 您会参考课程标准和考试说明命题吗?_____

A. 会　　B. 不会　　C. 有时会

5. 您会参考教学目标命题吗?_____

A. 会　　B. 不会　　C. 有时会

6. 您命题时会制定相应的双向细目表吗?_____

A. 会　　B. 不会　　C. 有时会

7. 您学校有没有学科电子试题库?_____

A. 有　　　　　　B. 没有

8. 有学科电子试题库的学校是以什么标准建的试题库?

_____

9. 您对试题的难度、信度、效度要求是否清楚?_____

A. 清楚　　　　　　B. 不清楚

10. 您是否阅读过命题理论方面的书籍_____,请列举_____。

A. 是　　　　　　B. 否

11. 对命题是否有过理论上的思考？ _____

A. 偶尔有　　　　B. 经常　　　　C. 从来没有

12. 您是否接受过教育测量、教育评价、命题技术等方面的培训_____，
请列举_____。

A. 是　　　　　B. 否

13. 您愿意接受教育测量、教育评价、命题技术方面的培训吗？ _____

A. 愿意　　　　B. 不愿意

14. 您是否经常研究高考题的编写特点？ _____

A. 是　　　　　B. 否

15. 请您叙述您命题的程序。

附录四 "1"试题命制的范例

必修2 第二章

第三节 化学反应的速率和限度（第1课时）

【学习目标】

1. 能计算具体反应的化学反应速率及其表示方法。

2. 通过实验探究认识影响化学反应速率的因素。

3. 能运用变量控制法研究相关实验。

一、影响反应速率的因素

（2013-13 改编）下列有关化学反应速率的说法中，不正确的是（　）。

A. H_2O_2 溶液中加入 $FeCl_3$ 后，H_2O_2 分解速率明显加快

B. 在金属钠与足量水反应中，增加水的量能加快反应速率

C. 合成氨工业中，提高温度能加快反应速率

D. 用碳酸钙和盐酸反应制取 CO_2，碳酸钙粉末比块状反应速率要快

二、控制变量实验

（2013-24 改编）为了探究温度对化学反应速率的影响，下列实验方案可行的是（　　）。

A.

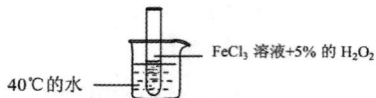

B.

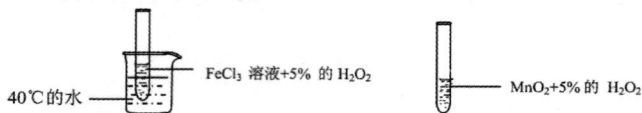

C.

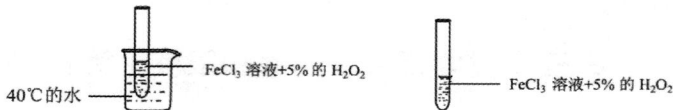

D.

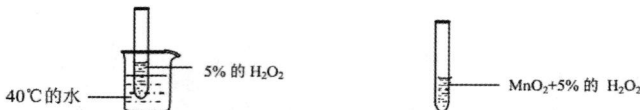

三、实际应用

面粉厂必须严禁烟火的主要原因是（　　）。

A. 防止易燃气体爆炸

B. 防止污染面粉

C. 防止温度过高面粉变质

D. 颗粒极小的面粉与空气充分接触，一旦引发反应，反应速率极快，极易发生爆炸

四、反应速率计算

（2013-19 改编）一定条件下 N_2 和 H_2 在密闭容器中反应生成 NH_3。已知它们的起始浓度 N_2 是 $1.8\ mol \cdot L^{-1}$；H_2 是 $5.4\ mol \cdot L^{-1}$，10 min 后测得 N_2 的浓度是 $0.8\ mol \cdot L^{-1}$，则在这 10 min 内 NH_3 的平均反应速率是（　　）。

A. $0.1\ mol \cdot L^{-1} \cdot min^{-1}$　　　　B. $0.2\ mol \cdot L^{-1} \cdot min^{-1}$

C. $0.3\ mol \cdot L^{-1} \cdot min^{-1}$　　　　D. $0.6\ mol \cdot L^{-1} \cdot min^{-1}$

答题情况分析

一、（平均分：20.51　难度：0.82）

1. 知识覆盖情况和能力要求

知道化学反应速率受外界条件（温度、催化剂、固体的表面积、反应物的状态、溶液的浓度等）影响。考查了催化剂、浓度、温度、固体表面积对反应速率的影响的知识点。

2. 正确答案：B

3. 常见错误选项和错因分析（根据学生答题情况分析）

选 A 率	选 B 率	选 C 率	选 D 率
0%	82.05%	15.38%	2.57%

A 选项选率为 0%，说明学生对探究实验的现象印象深刻，能知道 $FeCl_3$ 对 H_2O_2 分解有催化作用。C 选项，学生对温度如何影响反应速率的理解不透彻，没有掌握提高温度反应速率加快的规律，对合成氨的条件记忆不牢固，不会判断温度对合成氨反应的影响。D 选项，学生没有理解固体表面积对反应速率的影响，导致错误。

4. 针对出现的问题，提出教学对策建议

在备课和教学过程中要充分利用实验、绘图和大量生动形象、贴近生活实际、通俗易懂、能体现时代特色、学生喜闻乐见的事例进行比喻，帮助学生理解抽象知识，化解难点。

二、（平均分：25　难度：1）

1. 知识覆盖情况和能力要求

学会使用控制变量法进行实验探究。

2. 正确答案：C

3. 常见错误选项和错因分析（根据学生答题情况分析）

选 A 率	选 B 率	选 C 率	选 D 率
0%	0%	100%	0%

本题学生的答对率为100%，说明学生对控制变量法的理解和应用掌握得比较好。

4.针对出现的问题，提出教学对策建议

充分利用两个探究实验，以第一个探究实验作为例子，揭示什么是控制变量法，在第二个实验中让学生学习应用控制变量法进行实验，从而加深对控制变量法的理解。

三、（平均分：19.23　难度：0.76）

1.知识覆盖情况和能力要求

通过生活常识和实验现象分析，知道化学反应速率受外界条件（温度、催化剂、固体的表面积、反应物的状态、溶液的浓度等）影响。

2.正确答案：D

3.常见错误选项和错因分析（根据学生答题情况分析）

选A率	选B率	选C率	选D率
10.25%	0%	15.38%	74.37%

A选项，学生对粉尘爆炸不熟悉，只想到易燃气体或液体。C选项，学生想到是影响因素对反应速率的影响，但将"烟火"错误理解为温度的影响，同时反映出对粉尘爆炸不了解。

4.针对出现的问题，提出教学对策建议

本节较多微观抽象的理论，但在生活中的应用十分常见，因此在教学过程中要充分利用生活事例，帮助学生理解抽象知识，拓宽知识面，提高知识应用能力。

四、（平均分：13.46　难度：0.53）

1.知识覆盖情况和能力要求

初步形成化学反应速率的概念及其定量表示方法。

2.正确答案：B

3.常见错误选项和错因分析（根据学生答题情况分析）

选 A 率	选 B 率	选 C 率	选 D 率
2.58%	53.84%	25.64%	17.94%

本题答对率只有 53.84%，反映学生对反应速率的计算没有掌握，不会利用化学方程式中物质的量之比等于化学计量数之比这个规律进行换算。选 A 的学生直接用 N_2 的浓度变化量进行计算；选 C，D 的学生，对稍复杂的题目无从下手，造成选择错误。

4. 针对出现的问题，提出教学对策建议

化学反应速率的计算，建立在透彻理解定义的基础上，因此在教学过程中，可采取由学生自主建构概念的教学方式，自主从定义中提炼数学表达式，教师再设置具有梯度性的例题，由浅入深，让学生掌握解题方法。

附录五 "6"试题命制的范例

××区2017届高三综合测试（一）双向细目表

题号	考点	知识要求			能力要求			难度要求
7	STSE	√			√			易
8	N_A题（阿伏加德罗常数与微粒数的关系判断）		√		√			易
9	小有机（有机物的性质、结构）	√			√			易
10	实验操作及目的		√		√	√	√	中
11	电化学原理（电解池）		√	√	√	√		中
12	酸碱中和滴定（氨水滴定盐酸）		√	√	√	√		中
13	元素周期律（物质之间的转化）		√		√	√		中难
26	无机物的制备与性质（氮及其化合物，有装置连接）		√		√	√	√	中
27	反应原理综合题（转化率、平衡常数、K_{sp}）		√	√	√	√		中难
28	NaClO₂的工业流程制备(化合价、化学方程式、流程中的某些步骤、氧化产物及计算）		√	√	√	√		中难
36	技术（高锰酸钾的工艺制备、化学方程式书写、物质推断、电化学、计算）		√	√	√	√		中难

37	结构（电子排布式、未成对电子、电负性、杂化方式、晶胞计算）		√	√	√	√		中难
38	有机（反应类型、官能团名称、化学名称、化学方程式、同分异构体和流程设计）		√	√	√	√		中难

2017届第一学期高三综合测试（一）理综化学

2016年9月

【注意事项】

1.本试卷分第Ⅰ卷（选择题）和第Ⅱ卷（非选择题）两部分。答卷前，考生务必将自己的姓名、准考证号填写在答题卡上。

2.回答第Ⅰ卷时，选出每小题答案后，用铅笔把答题卡上对应题目的答案标号涂黑。如需改动，用橡皮擦干净后，再选涂其他答案标号。写在本试卷上无效。

3.回答第Ⅱ卷时，将答案写在答题卡上。写在本试卷上无效。

可能用到的相对原子质量：H–1　C–12　O–16

第Ⅰ卷

选择题（本题共 7 小题，每小题 6 分。在每小题给出的四个选项中，只有一项是符合题目要求的。）

7.下列叙述正确的是（　　）。

A. Fe 与 S 混合加热生成 FeS_2

B. $NaHCO_3$ 的热稳定性小于 Na_2CO_3

C. 将 NaOH 浓溶液滴加到饱和的 $FeCl_3$ 溶液中制备 $Fe(OH)_3$ 胶体

D. $FeCl_3$ 能从含有 Cu^{2+} 的溶液中置换出铜，可用于铜质印刷线路板制作

8.下列关于有机物的说法正确的是（　　）。

A. 由乙烯生成乙醇属于加成反应

B. 邻二溴苯有两种同分异构体

C. 油脂都不能使溴的四氯化碳溶液褪色

D. 用聚乙烯塑料代替聚乳酸塑料可减少白色污染

9. 设 N_A 为阿伏加德罗常数的数值。下列有关叙述正确的是（　）。

    A. 1 L 0.1 mol·L^{-1} 的氨水中有 N_A 个 NH_4^+

    B. 常温常压下，16 g O_2 含有 $4N_A$ 个电子

    C. 14 g 乙烯和丙烯混合气体中的氢原子数为 $2N_A$

    D. 过氧化钠与水反应时，生成 0.1 mol 氧气转移的电子数为 $0.1N_A$

10. a，b，c，d 为短周期元素，a 的原子中只有 1 个电子，b^{2-} 和 c^+ 的电子层结构相同，d 与 b 同族。下列叙述错误的是（　）。

    A. c 的原子半径是这些元素中最大的

    B. b 与 c 形成的化合物只含离子键

    C. d 和 c 形成的化合物的溶液呈碱性

    D. a 的氧化物在一定条件下既有氧化性又有还原性

11. 298 K 时，在 20.0 mL 0.10 mol·L^{-1} 氨水中滴入 0.10 mol·L^{-1} 的盐酸，溶液的 pH 与所加盐酸的体积关系如图所示。已知 0.10 mol·L^{-1} 氨水的电离度为 1.32%，下列有关叙述正确的是（　）。

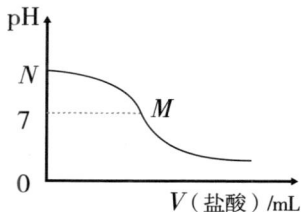

    A. 该滴定过程应该选择酚酞作为指示剂

    B. 在 N，M 之间任一点，溶液中存在 $c(NH_4^+) > c(Cl^-) > c(OH^-) > c(H^+)$

    C. M 点对应的盐酸体积 $V < 20.0$ mL，且有 $c(NH_4^+) = c(Cl^-) = c(H^+) = c(OH^-)$

    D. N 点处的溶液中 pH<12

12. 在容积为 1.00 L 的密闭容器中，通入一定量的 N_2O_4，发生反应 $N_2O_4(g) \rightleftharpoons 2NO_2(g)$。100 ℃ 时，体系中各物质浓度随时间变化如右图所示。下列说法正确的是（　）。

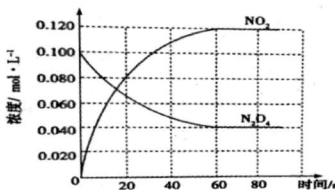

    A. 从 20~60 s 时段，v（正）减小，v（逆）增大

    B. 在 0~60 s 时段，反应速率 $v(N_2O_4) = 0.010$ mol·L^{-1}·s^{-1}

C. 将反应容器的容积减少一半，平衡向正反应方向移动

D. 随温度升高，混合气体的颜色变深，反应的 ΔH 小于零

13. 下列实验中，对应的现象以及结论都正确且两者具有因果关系的是（　）

选项	实　验	现　象	结　论
A	将稀硝酸加入过量铁粉中，充分反应后滴加 KSCN 溶液	有气体生成，溶液呈血红色	稀硝酸将 Fe 氧化为 Fe^{3+}
B	用坩埚钳夹住一小块用砂纸仔细打磨过的铝箔在酒精灯上加热	熔化后的液态铝不滴落	金属铝的熔点很高
C	往 $Al_2(SO_4)_3$ 溶液中滴入过量氨水	有白色絮状沉淀生成	$Al(OH)_3$ 不溶于氨水
D	将水蒸气通过灼热的铁粉	粉末变红	铁与水在高温下发生反应

第Ⅱ卷

非选择题（包括必考题和选考题两部分。第 26 题~第 28 题为必考题，每个试题考生都必须作答。第 35 题~第 36 题为选考题，考生根据要求作答。）

（一）必考题

26.（14 分）氯气的用途广泛，在工业、制药业、造纸业以及医院、游泳池、自来水的消毒等都要用到氯气。下列是氯气的制取及相关实验。回答下列问题。

资料：i. 次氯酸会破坏酸碱指示剂；

ii. 次氯酸或氯水可被 SO_2，H_2O_2，$FeCl_2$ 等物质还原成 Cl^-。

（1）①写出实验室中用浓盐酸与 MnO_2 共热制取 Cl_2 的离子方程式＿＿＿＿＿＿

＿＿＿＿＿＿＿＿＿＿＿＿＿＿＿＿＿＿＿＿。

②用于实验室收集 Cl_2 的正确装置是_____。（填选项）

（2）将 Cl_2 通入水中得到氯水，取少量新制氯水和 CCl_4 于试管中，滴加 NaBr 溶液，振荡静置，_____层溶液呈棕黄色（填"上"或"下"），该实验操作的名称是_____。

（3）①为测定饱和氯水中氯元素的总量，某研究小组设计的实验方案为：使用如下图装置，加热 20.0 mL 饱和氯水试样，测定产生气体的体积。此方案不可行的主要原因是_____。（不考虑实验装置及操作失误导致不可行的原因）

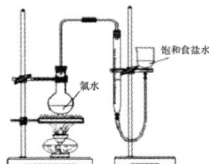

②请你为该研究小组设计一个可行的实验方案（不必描述操作过程的细节）_____。

③2016 年里约奥运组委会解释了跳水池水变绿、运动员觉得水刺激眼睛的原因，是因为先往池里加入氯系消毒剂做池水消毒（有效成分 HClO），后来又错往池水中加入双氧水导致的。请写出可能发生的化学反应方程式_____
_____。

27.（14分）某研究小组为了探究城市中铺在地面上的地铁和城铁的铁轨腐蚀的原因，并提出防止铁轨腐蚀的策略，进行如下探究。回答相关问题。

【查阅资料】

在城市中地下常埋有纵横交错的金属管道和输电线路，地面上还铺有地铁、城铁的铁轨，当有电流泄漏入潮湿的土壤中，并与金属管道或铁轨形成

回路时，就会引起后者的腐蚀。

【实验探究】

甲组同学：假设地下电缆为铜制导线，潮湿的土壤中的电解质可看作是 NaCl 溶液，画出模拟电解装置图如下。

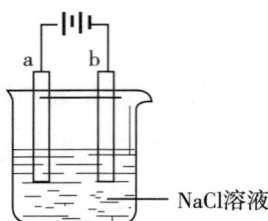

（1）a 极的现象有_____，电解池总反应式为_____。

【拓展实验】

乙组同学认为铁轨腐蚀的原理应是串联电解装置，上述模拟装置图没能标出铁轨在图中所处的位置，也没能说明加快腐蚀的原理，乙组同学改用下图装置进行实验探究。

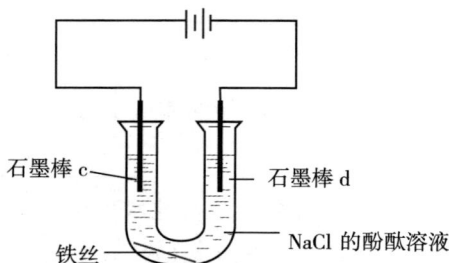

（2）模拟装置通电时现象及解释。

实验	现象	解释
石墨棒 c	产生气泡	有氯气生成
石墨棒 d	产生气泡	有氢气生成
铁丝左端	产生气泡，溶液变红并随产生的气体向上移动，靠近石墨棒 c 时逐渐消失	红色逐渐褪去的离子方程式为 ①_____
铁丝右端	有白色絮状物生成随后变为灰绿色，最终变为红褐色	最终变为红褐色的原因是 ②_____

【结论】

由实验探究可知，实验现象与串联电解装置的现象相似，铁轨（或金属管道）即相当于横在两电极之间的铁丝。两端所发生的反应不同，一端（阳极）是金属自身发生③_____反应，另一端（阴极）上溶液中的阳离子（H^+）发生④_____反应（填"氧化或还原"）。

（3）防止铁轨腐蚀的策略有_____，_____。（请提出任意两点）

28.（15分）某科研小组以难溶性钾长石（$K_2O \cdot Al_2O_3 \cdot 6SiO_2$）为原料，提取 Al_2O_3，K_2CO_3，Na_2CO_3 的工艺流程如下：

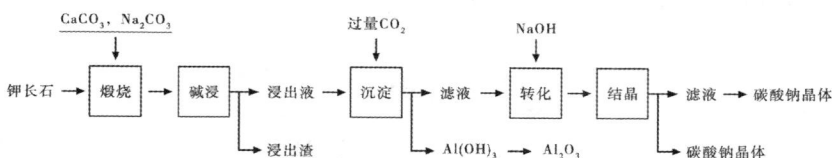

回答下列问题。

（1）煅烧过程中有如下反应发生：

① 钾长石中的硅元素在 $CaCO_3$ 作用下转化为 $CaSiO_3$，写出 SiO_2 转化为 $CaSiO_3$ 的化学方程式：_____。

② 钾长石中的钾元素和铝元素在 Na_2CO_3 作用下转化为可溶性的 $NaAlO_2$ 和 $KAlO_2$，写出 Al_2O_3 转化为 $NaAlO_2$ 的化学方程式：_____。

（2）流程图中用碱浸而不用酸浸的原因是_____。

（3）"沉淀"时通入过量 CO_2 的主要作用是（用离子方程式表示）_____。

（4）结晶过程中先析出 Na_2CO_3 的原因是_____。

（5）上述工艺中可以循环利用的主要物质是_____，_____和水。

（二）选考题：

35.化学—选修3：物质结构与性质（15分）

过渡元素铁可形成多种配合物，如：$[Fe(CN)_6]^{4-}$，$Fe(SCN)_3$ 等。

（1）基态铁原子核外电子排布式为_____。基态氮原子的价电子排布图为_____。

（2）科学研究表明用 TiO_2 做光催化剂可将废水中 CN^- 转化为 OCN^-，并最终氧化为 N_2，CO_2。OCN^- 中三种元素的第一电离能由大到小的顺序为_____。

（3）与 CN^- 互为等电子体的一种分子为_____（填化学式）；1 mol $Fe(CN)_6^{3-}$ 中含有 σ 键的数目为_____。

（4）铁的另一种配合物 $Fe(CO)_5$ 熔点为 –20.5 ℃，沸点为 103 ℃，易溶于 CCl_4，据此可以判断 $Fe(CO)_5$ 晶体属于_____（填晶体类型）。

（5）铁铝合金的一种晶体属于面心立方结构，其晶胞可看成由 8 个小体心立方结构堆砌而成。已知小立方体如下图所示。

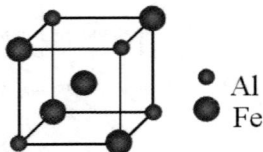

该合金的化学式为_____。

36. 化学—选修 5：有机化学基础（15 分）

聚戊二酸丙二醇酯（PPG）是一种可降解的聚酯类高分子材料，在材料的生物相存性方面有很好的应用前景。PPG 的一种合成路线如下：

回答下列问题：

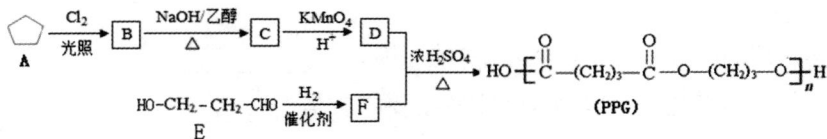

（1）A 的名称为_____。

（2）由 B 生成 C 的化学方程式为_____，反应类型为_____。

（3）D 的结构简式为_____。

（4）E中含有的官能团名称为＿＿＿＿＿＿＿＿＿＿＿＿＿＿＿＿＿。

（5）①D和F生成PPG的化学方程式为＿＿＿＿＿＿＿＿＿＿＿＿＿＿＿。

②若PPG平均相对分子质量为10000，则其平均聚合度约为＿＿＿＿＿＿（填标号）。

　　　a. 48　　　b. 58　　　c. 76　　　d. 122

（6）D的同分异构体中能同时满足下列条件的共有＿＿＿＿＿＿＿种（不含立体异构）；

① 能与饱和$NaHCO_3$溶液反应产生气体

② 既能发生银镜反应，又能发生水解反应

2017届第一学期高三综合测试（一）
理综化学参考答案

一、选择题

题号	7	8	9	10	11	12	13
答案	B	A	C	B	D	A	C

二、非选择题

26．（14分）

（1）① $MnO_2 + 4H^+ + 2Cl^- \xlongequal{\triangle} Mn^{2+} + 2H_2O + Cl_2\uparrow$（2分）　②C（2分）

（2）下（2分）　　萃取（2分）

（3）①因存在 Cl_2 的重新溶解、HClO 分解等，此方案无法测算试样含氯总量（合理即可）（2分）

②量取一定量的试样，加入足量的 H_2O_2 溶液，加热除去过量的 H_2O_2，冷却，再加入足量的硝酸银溶液，称量沉淀质量（合理即可）（2分）

③ $HClO + H_2O_2 = HCl + O_2\uparrow + H_2O$（2分）

27．（14分）

（1）电极逐渐溶解减少（2分）　$Cu + 2H_2O \xlongequal{电解} Cu(OH)_2 + H_2\uparrow$（2分）

（2）① $2OH^- + Cl_2 = Cl^- + ClO^- + H_2O$　（2分）

② 溶解在溶液中的 Cl_2 将 $Fe(OH)_2$ 氧化为 $Fe(OH)_3$，[（或 $6Fe(OH)_2 + 3Cl_2 = 4Fe(OH)_3 + 2FeCl_3$）（2分）]

③氧化（1分）　④还原（1分）

（3）迅速切断电源（2分）　埋在地下的金属管线或钢轨表面都要涂绝缘膜（或塑料、油漆等）（2分）

28．（15分）

（1）① $CaCO_3 + SiO_2 \xlongequal{\triangle} CaSiO_3 + CO_2\uparrow$（2分）

② $Na_2CO_3 + Al_2O_3 \xlongequal{\triangle} 2NaAlO_2 + CO_2\uparrow$（2分）

（2）抑制 AlO_2^- 的水解，使溶液中铝元素以 AlO_2^- 形式留在浸出液中，同

时可使杂质钙元素以沉淀形式析出（2分）

（3）$AlO_2^- + CO_2 + 2H_2O = Al(OH)_3 \downarrow + HCO_3^-$（3分）

（4）低温时，碳酸钠在水中的溶解度远远小于碳酸钾在水中的溶解度。结晶过程中，先蒸发浓缩得饱和溶液，再冷却结晶析出碳酸钠晶体（或碳酸钠的溶解度受温度的影响小而碳酸钾的溶解度受温度的影响很大，蒸发浓缩得到碳酸钠晶体）（2分）

（5）Na_2CO_3　CO_2（4分，每个2分）

35.（15分）（1）$1s^2 2s^2 2p^6 3s^2 3p^6 3d^6 4s^2$（或$[Ar]3d^6 4s^2$）（2分）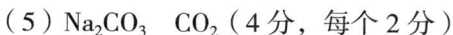（2分）

（2）N＞O＞C（2分）

（3）CO（或N_2）　$12 \times 6.02 \times 10^{23}$（或$12 N_A$）（2分）

（4）分子晶体（2分）

（5）$AlFe_3$（3分）

36.（15分）

（1）环戊烷　（2分）

（2）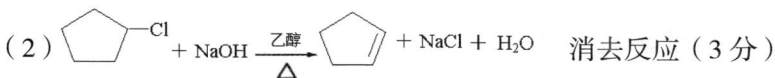　消去反应（3分）

（3）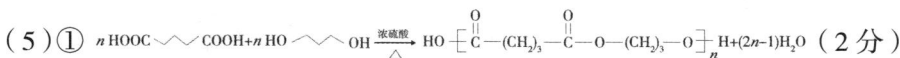·（2分）

（4）醛基、（醇）羟基　（2分）

（5）① $n HOOC \diagdown\diagup COOH + n HO \diagdown\diagup OH \xrightarrow[\triangle]{浓硫酸} HO\left[\overset{O}{\overset{\|}{C}}-(CH_2)_3-\overset{O}{\overset{\|}{C}}-O-(CH_2)_3-O\right]_n H+(2n-1)H_2O$（2分）

② b（2分）

（6）5（2分）

2017届第一学期高三综合测试（一）
理综化学质量分析报告

一、试题命制思路

2017届是广东省第二年用全国新课标Ⅰ卷，为了让学生尽快熟悉全国卷的试题结构，此次综合测试的试题结构与全国新课标Ⅰ卷一致。考虑到这是高三年级第一次理综合卷考试，学生对答题顺序、答题策略等没有经验，因此命题时降低了陌生情景和综合能力的考查层次，以课本内容为素材，对准基础。试题没有采用现成的试题，都是改编或原创的。三道大题原创，一道大道改编，落点都在基础，能很好地暴露学生目前的问题，如做题的思维习惯，对基础知识的遗忘情况，高考应具备的获取新信息的能力、画图及读图表的能力、元素化合物性质的应用能力等，为后续的复习提供依据，提高复习效率。同时，引导教师、学生从一轮复习开始真正回归课本，抓主干。大题设计有层次性，有梯度，（1）（2）问考基础，（3）（4）（5）问对能力的考查逐渐提高。有计划性地把高考高频考点分散在三次全区性统考中进行考查，并逐次提高对能力的考查。

（一）答题情况分析与对策

各校每小题的得分率比较情况见下表。希望各校与区内学校横向比较，找出自己学生得分率低的题目，并对照双向细目表，找出需要加强的知识点，确定一轮复习策略。

全区各校一卷各小题得分率比较情况表（%）

学校	单选7	单选8	单选9	单选10	单选11	单选12	单选13
A	81.24	88.33	86.96	88.1	47.6	83.3	48.97
B	72.87	75.91	80.79	86.59	49.09	84.15	46.65
C	76.79	84.81	83.54	80.59	72.57	75.11	27
D	72.96	81.13	49.06	45.28	33.96	76.1	19.5

E	73.14	63.43	84	62.86	40	81.71	41.14
F	74.24	66.67	87.88	77.27	50	78.79	19.7
G	67.18	83.21	73.28	64.12	52.67	87.02	32.06
H	88.42	76.84	69.47	64.21	55.79	78.95	40
I	81.16	71.01	75.36	55.07	39.13	60.87	34.78
J	55.74	53.28	70.49	59.84	51.64	77.05	24.59

我们通过上表可以对比同层次学校的得分率，找出学生对知识点的掌握存在的问题。教师要做更细的分析，如选择题找出得分率偏低的题后，再回去看本校该题的各选项错率较高的是哪个答案，从而找到需要在一轮复习中重点复习的知识点。

（二）答题分析及建议

第7题（区平均分：4.5 区难度：0.43 ）

1. 知识覆盖情况和能力要求

无机化学元素化合物知识。

2. 正确答案：B

3. 典型错误及错因分析（根据学生答题情况分析）

选 A 率	选 B 率	选 C 率	选 D 率
3.7%	75%	10.4%	10.9%

错选 A 的学生对铁的性质不够熟悉，铁具有还原性，遇到不同的氧化剂可被氧化成不同的价态，硫单质的氧化性较弱，只能把铁氧化到正二价。错选 C 的学生对氢氧化铁胶体的制备不清晰，应该是用沸水而非氢氧化钠浓溶液。错选 D 的学生混淆了铁与铜离子、三价铁与铜单质的反应，并不能很好地与实际应用联系起来。

4. 针对出现的问题，提出教学对策建议

加强无机化学元素化合物的复习是学生化学复习的基础，是学生运用化

学理论的基础，是学生理解并有效完成工业流程图题、实验题等的基础。

5. 对试题的评价［命题的导向性（新课程理念的体现等）、创新性（角度、思路的新颖性等）、规范性。该题命题时有没有需要注意的，选项可不可以改编得更好］

题目考查的无机化学元素化合物知识很全面，选择考查的元素也具有典型性。

第 8 题（区平均分：4.67　区难度：0.78）

1. 知识覆盖情况和能力要求

本题目考查有机物的基本知识，涉及反应类型、苯的结构、生活中的有机物油脂结构和塑料。

2. 正确答案：A

3. 典型错误及错因分析（根据学生答题情况分析）

选 A 率	选 B 率	选 C 率	选 D 率
77.8%	14%	2.5%	5.7%

主要错选：B。本题描述：邻二溴苯有两种同分异构体。学生认为另两种为间位和对位。实际上本题是对苯环结构的考查，苯的六个碳碳键是一样的。因此，问题出现在对表述的理解错误。

次要错选：D。本选项来源是人教版选修 5-P107"科学视野"。学生对生活中的聚乙烯塑料认识不够，对陌生的聚乳酸塑料心存胆怯。因此，错选。

4. 针对出现的问题，提出教学对策建议

教师要帮助学生正确理解有机化学知识点的表述，对生活中常见有机化合物要结合实际应用，加深理解。要回归课本，从课本出发进行发散。

5. 对试题的评价［命题的导向性（新课程理念的体现等）、创新性（角度、思路的新颖性等）、规范性。该题命题时有没有需要注意的，选项可不可以改编得更好］

选项 A 放在 A 的位置，区分度不够高。不少学生根本没有细看其他选项，建议后移。

第9题（区平均分：4.7 区难度：0.78）

1. 知识覆盖情况和能力要求

该题的考点是阿伏加德罗常数的计算，包括了弱电解质的电离、某物质中电子数的计算、混合气体的原子数目计算和化学反应中转移的电子数。不难发现阿伏加德罗常数是全国卷高考题中较常考和常规的一个题目，难度不算很大，对计算要求也不高，但是涉及的知识点较多而且比较零散，容易出错，要求学生的化学基础扎实，而且审题要细心，应在平时复习中注意知识积累和强化训练。

2. 正确答案：C

3. 典型错误及错因分析（根据学生答题情况分析）

选 A 率	选 B 率	选 C 率	选 D 率
2%	7.6%	78.4%	12%

学生出现的典型错误在 B 和 D，选 B 的学生对电子数的概念模糊，并且有部分学生对常温常压过度紧张，其实这个条件只对气体体积有限制作用。选 D 的学生的元素化合物基础不扎实，不知道过氧化钠与水反应的化学方程式，对典型的歧化反应，不知道寻找转移电子数的方法。

4. 针对出现的问题，提出教学对策建议

建议在进行阿伏加德罗常数的复习中，对常见的几大问题进行分类，再进行逐类突破，归纳总结每一种类型容易出现的陷阱，时刻提醒自己。在平时的周测或月考中，注重错题集的搜集完善，建议学生把自己选错的选项摘录下来，逐个分析逐个突破，力求攻克 N_A 问题。

5. 对试题的评价［命题的导向性（新课程理念的体现等）、创新性（角度、思路的新颖性等）、规范性。该题命题时有没有需要注意的，选项可不可以改编得更好］

该题的覆盖较全面，基本考查了常考点和易错点。

第 10 题（区平均分：4.45　区难度：0.74）

1. 知识覆盖情况和能力要求

本题考查元素周期表和元素周期律相关知识及化学键。要求熟练掌握短周期元素原子、离子的结构特点，相关化合物的结构和性质。

2. 正确答案：B

3. 典型错误选项及错因分析（根据学生答题情况分析）

选 A 率	选 B 率	选 C 率	选 D 率
7.6%	74.2%	11.8%	6.4%

本题答对率相对较高。部分学生没有掌握原子半径大小规律，元素的推断不准确，错选 A，导致失分。部分学生没有掌握盐类的水解对溶液酸碱性的影响或没有意识到氢硫酸为弱酸，而错选 C。此外还有部分学生对化合物的氧化性和还原性认识不全面，片面地认为物质只有氧化性或只有还原性，错选 D。

4. 针对出现的问题，提出教学对策建议

针对出现的问题，在复习该部分知识点时，首先要回归课本，加强元素周期表的结构和元素周期率的复习，强化基本概念的应用。熟悉短周期元素及其化合物的性质结构。同时，注意知识的综合应用。

5. 对试题的评价［命题的导向性（新课程理念的体现等）、创新性（角度、思路的新颖性等）、规范性。该题命题时有没有需要注意的，选项可不可以改编得更好］

本题难度不大，知识覆盖面较大，在复习初期阶段是道好题。

第 11 题（区平均分：3.0　区难度：0.5）

1. 知识覆盖情况和能力要求

结合弱电解质电离、盐类水解、酸碱中和滴定曲线，考查滴定基本知识、离子浓度大小比较、溶液 pH 计算等，难度较高。

2. 正确答案：D

3.常见错误选项和错因分析（根据学生答题情况分析）

选 A 率	选 B 率	选 C 率	选 D 率
13%	21%	16%	50%

选 A，学生对酸碱中和滴定所用指示剂的选择原则不理解，以为常规中和滴定都可以普遍套用酚酞作为指示剂。

选 B，学生对"溶液中阴阳离子所带电荷总数应相等"有一定的认识，但对滴定过程溶液中各离子浓度大小的渐变情况不清晰。

选 C，反映出学生对滴定过程中的"恰好反应点"与"pH=7 点"区分模糊，难以通过确定"恰好反应点"来准确辨析"pH=7 点"所消耗标准液的体积。

另，错选的同学均对 D 选项关于起点溶液 pH 的计算方法不清晰，不会结合电离度分析计算弱酸、弱碱的 pH 范围。

4.针对出现的问题，提出教学对策建议

教师应向学生明确指示剂的选择原则：应根据滴定实验恰好完全反应时生成的盐的类型，确定合适的指示剂。若生成强碱弱酸盐，则用酚酞；若生成强酸弱碱盐，则用甲基橙。对滴定过程溶液中各离子浓度大小的渐变情况、消耗标准液体积等方面的问题，建议以"盐酸滴定氨水""醋酸滴定 NaOH 溶液"这两个为典型，详尽分析滴定过程中的离子浓度大小变化情况，特别要加强分析"起始点""恰好反应点""pH=7 点""滴定终点"等关键点的意义及离子浓度顺序。要求学生不但要"听得懂"，还要"说得懂"。

5.对试题的评价［命题的导向性（新课程理念的体现等）、创新性（角度、思路的新颖性等）、规范性。该题命题时有没有需要注意的，选项可不可以改编得更好］

本题难度适中，知识覆盖面较大，是道好题。

第 12 题（区平均分：4.81 区难度：0.8）

1.知识覆盖情况和能力要求

本题考查的知识点有反应速率的计算、判断、化学平衡移动等。该题要求学生根据图表进行计算与判断，难度较低。

2. 正确答案：A

3. 典型错误及错因分析（根据学生答题情况分析）

选 A 率	选 B 率	选 C 率	选 D 率
16.8%	63.4%	10.8%	9%

错选 C 的学生审题不清，没有很好地理解题目"容积减少一半"即加压这一提示，导致失分。错选 D 的学生要么是忘记了二氧化氮的颜色，要么就是关于温度对平衡移动的影响判断失误，导致失分。

4. 针对出现的问题，提出教学对策建议

反应原理的相关知识点，是每年的常考点，也是学生的得分点，因此在第一轮的复习过程中，对于常见的速率和平衡常数的运算、影响速率和平衡移动的因素要讲透讲细，通过专题复习，逐个知识点进行突破。练习可以结合图像、图表进行试题改编，提高学生的读图能力，培养学生多维图像的解题思维能力。

5. 对试题的评价［命题的导向性（新课程理念的体现等）、创新性（角度、思路的新颖性等）、规范性。该题命题时有没有需要注意的，选项可不可以改编得更好］

该题可以进一步让学生进行化学平衡常数的计算，或者把 c-t 图改为 v-t 图，让学生领会不同图像的解题方法。

第 13 题（区平均分：2.25　区难度：0.37）

1. 知识覆盖情况和能力要求

本题考查的是元素及其化合物的性质与实验设计（包括铁与稀硝酸的反应，铁离子的检验，铝、氧化铝的性质，氢氧化铝的两性，铁与水蒸气的反应等）。考查的层次属于综合应用。

2. 正确答案：C

3. 常见错误选项和错因分析（根据学生答题情况分析）

选 A 率	选 B 率	选 C 率	选 D 率
27.93%	3.57%	37.55%	30.95%

从答题情况来看，学生对事实性知识容易掌握，但是根据已知信息并加工的能力还相当薄弱，如选 A 的学生就是这样，只记得硝酸有强氧化性，但是忽略了铁粉是"过量"的。选 D 的学生应该是对铁粉与水蒸气反应生成 Fe_3O_4 不记得了。整体来看，学生元素化合物部分的知识掌握较薄弱。

4.针对出现的问题，提出教学对策建议

对于这个知识点，教学中不仅要落实好元素化合物的性质及课本实验的复习、实验现象细节的复习，还要帮助学生理解化学现象背后的化学原理，从而实现现象、方法、原理的有机结合。一轮复习落实基础。

5.对试题的评价［命题的导向性（新课程理念的体现等）、创新性（角度、思路的新颖性等）、规范性。该题命题时有没有需要注意的，选项可不可以改编得更好］

该题是属于常规题，试题的素材相对比较基础，全是出自教材，又高于教材。因此，在引领学生夯实基础的同时，加强学生对信息的加工能力，对我们后面的一轮复习起到了很好的抛砖引玉的作用。

第 26 题（区平均分：6.07　区难度：0.43）

1.知识覆盖和能力要求

本题用实验装置图和文字信息做载体，考查学生的信息获取和分析能力，物质的制备、检验、提纯的实验和定量实验的设计能力。该题依据氯气的化学性质，考查氯气的实验室制法的原理和装置。围绕氯水的组成，测定氯水中氯元素的含量。同时，结合氯气的工业用途，以氯水用于自来水的杀菌消毒做素材，进行陌生方程式的书写。

2.本题的评分细则

（1）① $MnO_2 + 4H^+ + 2Cl^- \xlongequal{\Delta} Mn^{2+} + 2H_2O + Cl_2 \uparrow$（2分，缺条件或者系数错或者写成化学方程式扣1分，产物错漏0分）　② C（2分）

（2）下（2分）萃取（2分，字错扣1分）

（3）①因存在 Cl_2 的重新溶解、HClO分解等，此方案无法测算试样含氯总量（合理即可）。（2分，只要提到溶液中的氯不能全部转化为氯气就给分）

②量取一定量的试样，加入足量的 H_2O_2 溶液，加热除去过量的 H_2O_2，冷

却，再加入足量的硝酸银溶液，称量沉淀质量（合理即可）。（2分，按要点给分，写出过氧化氢或硝酸银中之一给1分，全写给2分）

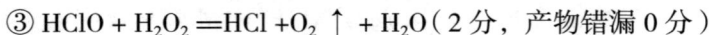

③ $HClO + H_2O_2 = HCl + O_2 \uparrow + H_2O$（2分，产物错漏0分）

3.典型错误及分析

（1）三种错误：一是盐酸没有改写成离子形式，二是漏反应条件，三是写成化学方程式。审题不仔细和离子方程式的书写要求掌握不到位。

（2）①不清楚四氯化碳的密度比水大；②萃取的"萃"写错字"卒"或者"翠"。

（3）①表达不清晰，说不清要点失分。不知道氯水的成分，更不清楚氯气溶于水是一个可逆过程。

②因为不清楚定量实验的设计思路，可选用沉淀法、气体法或者滴定法。当气体法不行，就应该换其他思路。对题干信息三种物质还原氯水后，产物不清楚，错答 SO_2，忽略硫酸银微溶，会沉淀。错答氯化亚铁的，忽略氯化亚铁带进氯离子。

③无法确定过氧化氢的还原产物是氧气。

4.针对出现的问题，提出教学对策建议

（1）回归教材，根据《考试大纲》落实每个知识点，熟悉典型物质的性质和应用。

（2）熟悉教材上每一个演示实验，从原理到操作到设计思想，让学生整理，理解到位并进行迁移。将知识点由抽象到具体，规律化，系统化。

（3）每一个小专题复习完，用典型习题对学生进行测试，及时评讲，及时反馈，反复查漏补缺和规范。让学生整合知识，构建网络。

（4）平时训练和测试要强化审题能力，培养表达能力和实验设计能力。

5.对试题的评价［命题的导向性（新课程理念的体现等）、创新性（角度、思路的新颖性等）、规范性。该题命题时有没有需要注意的，选项可不可以改编得更好］

本题难度适中，知识覆盖面较大，是道好题。

第27题（区平均分：4.479　区难度：0.32）

1.知识覆盖情况和能力要求

本题以人教版选修4《金属的电化学腐蚀与防护》P88第10题为背景，考查学生对电解原理及其应用的掌握情况。具体体现在电极的判断、电极反应的书写、电解总反应的书写、运用电解原理对电解现象分析推理，以及金属的电化学腐蚀与防护方法。知识技能与能力要求较高。

2. 本题的评分细则

（1）电极逐渐溶解减少（2分）（写溶液变蓝，产生蓝色沉淀不得分）

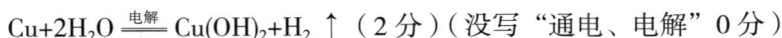

$Cu+2H_2O \xrightarrow{\text{电解}} Cu(OH)_2+H_2\uparrow$（2分）（没写"通电、电解"0分）

（2）① $2OH^-+Cl_2=Cl^-+ClO^-+H_2O$（2分）

② 溶解在溶液中的 Cl_2 将 $Fe(OH)_2$ 氧化为 $Fe(OH)_3$［（或 $6Fe(OH)_2+3Cl_2=4Fe(OH)_3+2FeCl_3$）］（2分）［没写 Cl_2 得1分，写氧气氧化 $Fe(OH)_2$ 为 $Fe(OH)_3$ 不给分］

③氧化（1分）④还原（1分）

（3）迅速切断电源（2分）　埋在地下的金属管线或钢轨表面都要涂绝缘膜（塑料或油漆等）（2分）

（写连接一块活泼金属、外接电源负极、改变结构形成合金、保持土壤干燥等相关合理答案也给分）

3. 典型错误及分析，针对出现的问题，提出教学对策建议

本题的得分率非常低，从答题情况和常见的错误来看，学生对27题的审题基本上错误，根本没有看懂题目要考查的核心知识点和要解决的问题，因此答非所问。前四空得分几乎为零。对结论部分的答题得分率和满分率较高，说明学生对电解原理和电极反应等基本概念掌握较好。从这点来看，本题学生前面得分低并不是基本知识不熟，完全是没有理解题目的意思。由于本题来自于人教版选修4-P88电化学防腐和保护的课后作业，学生对书本上出现的题目没有印象或没有做，可能是老师在新授课的讲解过程中，对课本课后练习不够重视，或者这种打了"※"的，可选做的题目过于忽视。在相关化学应用答题时，学生没有注意实际应用与理论方法的区别，对问题的情境考虑不同，过于想象导致失分。

本题的考查，基本上达到了命题者的一个意图就是提醒教师和学生重视书本的知识和练习，也要求在高考备考复习过程中，一定要回归课本，查缺

补漏不留死角。

5. 对试题的评价［命题的导向性（新课程理念的体现等）、创新性（角度、思路的新颖性等）、规范性。该题命题时有没有需要注意的，选项可不可以改编得更好］

（1）对试题的评价：这是一道较好的原创题，特别是乙同学的设计图，新颖，有创意，为教师理解微型电解池起到一个很好的补充和启发作用。

本题给高三化学备考提供了很好的警醒和示范作用，相信通过这次考试，教师会更重视教材及课本习题的挖掘与创新，很好地与全国卷备考对接。

（2）小建议：第（1）小题，若是仅从知识的角度考查学生对电解池电解原理的掌握和应用，还可加强与题干的联系或标出相关电极材料。便于学生直接上手解题，提高得分率。

第 28 题（区平均分：4.152　区难度：0.28 ）

1. 知识覆盖情况和能力要求

本题紧密联系实际以利用钾长石为原料提取 Al_2O_3，K_2CO_3，Na_2CO_3 的工艺为背景，考查常见金属、非金属元素的性质，考查陌生反应、离子反应、工艺中试剂的选择等化学原理的应用，考查化学方程式、离子方程式等化学语言的表达能力，考查实验生产工艺的分析和物质的循环利用。本题比较充分地体现了《考试大纲》中"接受、吸收、整合化学信息的能力""分析问题和解决（解答）化学问题的能力"的考查要求。

2. 本题的评分细则

（1）① $CaCO_3+SiO_2 \stackrel{\triangle}{=\!=} CaSiO_3+CO_2\uparrow$（2分）

② $Na_2CO_3+Al_2O_3 \stackrel{\triangle}{=\!=} 2NaAlO_2+CO_2\uparrow$（2分）

（生成物错不给分，没有配平扣1分，没有写条件或箭头扣1分）

（2）抑制 AlO_2^- 的水解，使溶液中铝元素以 AlO_2^- 形式留在浸出液中，同时可使杂质钙元素以沉淀形式析出。（3分）

（说明铝元素是以 AlO_2^- 形式存在或 AlO_2^- 与酸反应生成氢氧化铝或铝离子给1分，能说明用酸浸会引入杂质给1分。）

（3）$AlO_2^- +CO_2+ 2H_2O = Al(OH)_3\downarrow + HCO_3^-$（3分）（配平错扣1分，无箭

头扣1分，写化学反应方程式扣1分）

（4）碳酸钠在水中的溶解度远远小于碳酸钾在水中的溶解度。（2分）（只要说明碳酸钠溶解度小就给2分）

（5）Na_2CO_3 CO_2（4分）（每个给2分，多写1个扣2分）

3. 典型错误及错因分析（根据学生答题情况分析）

（1）第（1）小题中的2个化学方程式的书写比较好，只是还有个别同学没有看清题目中的反应物和生成物的要求而写错。

（2）第（2）小题回答得较差，较多同学不能针对工业生产中尽可能少的步骤来提取相应物质、不引入更多的杂质来回答。

（3）第（3）小题主要是没有注意过量的 CO_2 引起产物的不同，而且有部分学生没有注意生成物应该是 $Al(OH)_3$，因此离子方程式的书写要注意溶液中的环境和所给的量。

（4）第（4）小题很多学生的回答都是说随温度的升高溶解度的变化，也有一部分学生没有指出是哪个物质的溶解度小，有比较多的学生写成熔点低，说明学生对一些基本的概念没有掌握，只是有个大概而已。

（5）第（5）小题比较多的学生答出了 Al_2O_3，K_2CO_3，$CaCO_3$ 等，说明学生还不清晰循环利用的物质应该怎样看，怎样找出。

4. 针对出现的问题，提出教学对策建议

（1）注意陌生方程式书写原则和思维训练，针对氧化还原反应和物质类别的反应要形成对应熟悉的思维过程，对离子方程式的书写也一样。

（2）关于工业流程中试剂选择的用意和辨别循环利用的物质是重点。

（3）工业中提纯常见方法的原理要理解和应用，不能生搬硬套。

5. 对试题的评价［命题的导向性（新课程理念的体现等）、创新性（角度、思路的新颖性等）、规范性。该题命题时有没有需要注意的，选项可不可以改编得更好］

题干流程图采取了一种较为规范的表达形式，给学生留下了适度的分析空间。新情境下书写化学方程式在全国卷中比例较大，灵活度大，对学生通过新信息把握陌生反应本质并确定反应物、生成物的要求较高，因此本题也尝试了一些新的方式提供书写化学方程式所需的各种信息，考查学生提取、

整合关键信息的能力。

第 35 题（区平均分：4.1 区难度：0.273 ）

1. 知识覆盖情况和能力要求

本题考查基态原子的核外电子排布、价电子排布图、原子的第一电离能等电子体概念、σ 键的数目、分子晶体的特征、晶胞相关知识和化学式的计算。总共 7 空，主要考查基础知识，覆盖面广，第（3）小题第一空和（4）小题是得分比较多的空。

2. 本题的评分细则

（1）$1s^2 2s^2 2p^6 3s^2 3p^6 3d^6 4s^2$ ｛ 或 ［ Ar ］ $3d^6 4s^2$ ｝（2分）$\underset{2s}{\boxed{\uparrow\downarrow}}\ \underset{2p}{\boxed{\uparrow\ \uparrow\ \uparrow}}$（2分）

（2）N > O > C（2分）

（3）CO（或 N_2）（2分）　　$12 \times 6.02 \times 10^{23}$（或 $12 N_A$）（2分）

（4）分子晶体（2分）

（5）$AlFe_3$（3分）

3. 典型错误及分析，针对出现的问题，提出教学对策建议

主要的得分点是等电子体和分子晶体、合金的化学式。有 5 名学生具有选修 3 的知识。

2016 届高三选做本题的考生有 20 人，本届只有 10 人：全国卷多数省份都是选做 36 题的考生越来越多，选做 35 题的越来越少。除少数有机化学比较差，对结构化学兴趣比较浓，接受能力强的学生外，不建议过多学生选做 35 题。

4. 对试题的评价［命题的导向性（新课程理念的体现等）、创新性（角度、思路的新颖性等）、规范性。该题命题时有没有需要注意的，选项可不可以改编得更好 ］

本题是改编试题，在原题基础上略做改动，比较基础。考查点比较全面，达到预期效果。

第 36 题（区平均分 6.925 分，区难度为 0.46）

1. 知识覆盖情况和能力要求

本题以合成聚戊二酸丙二醇酯这种可降解材料作为载体，考查基础的有机化学知识，主要考点：有机物的名称、卤代烃的消去反应和反应类型的判断、官能团的名称、缩聚反应方程式的书写、平均聚合度的计算和限制条件同分异构体的书写。主要考查学生推断、基础知识再现、观察和信息获取等能力，属于中等难度的题目。

2. 本题的评分细则

（1）环戊烷 （2分）

（2）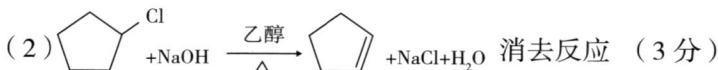 消去反应 （3分）

（3） HOOC ～～ COOH （2分）

（4）醛基、（醇）羟基 （2分）

（5）① 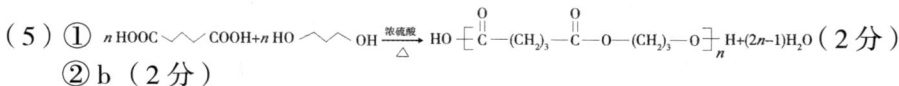 （2分）

②b （2分）

（6）5（2分）

3. 典型错误及错因分析

（1）有机物的名称，失分较多，主要是错别字。

典型错误：

① 将近一半的考生将"戊"写成"戍"。

② 数错碳原子。

（2）考查卤代烃的消去反应和反应类型的判断。

典型错误：

① 漏写反应条件。

② 反应物写错，主要是由于推断错误。

③ 不会判断消去反应这种反应类型。

（3）考查戊二酸的结构简式的推断书写，多数能够书写正确。

（4）官能团名称的书写。

典型错误：

① 错别字。

② 不清楚官能团的名称。

（5）①考查缩聚反应方程式的书写，由于题目的合成路线中已经给出缩聚产物的结构简式，考生只要能够写出反应物和产物水，最后配平就可以了。错误集中在配平时水的系数写错。

② 考查平均聚合度的计算，很少学生能够答对，说明学生不会计算缩聚物的聚合平均聚合度。

（6）考查限制条件同分异构体数目的计算，只有极少数考生答对，说明考生已经忘记同分异构体的书写方法。

4. 针对出现的问题，提出教学对策建议

本题平均分 6.925 分，难度为 0.46，属于中等难度的题目，从评卷过程来看，部分学生有关有机物的命名和官能团名称的书写、平均聚合度的计算、同分异构体种数的推断等需要强化，建议教师讲评时适当进行针对性的练习，平时测试时继续强化这些考点的考查。

5. 对试题的评价［命题的导向性（新课程理念的体现等）、创新性（角度、思路的新颖性等）、规范性。该题命题时有没有需要注意的，选项可不可以改编得更好］

本题包括常见有机物种类之间的转化，考查基本的知识点与基本技能，能够很好地考查学生的基础知识与基本能力，具有较好的区分作用。

参考文献

1. 中华人民共和国教育部 . 普通高中化学课程标准（2017 年版）［S］. 北京：人民教育出版社，2018.

2. 高凌飚，张洪岩，译 . 学习质量评价：SOLO 分类理论，可观察的学习成果结构［M］. 北京：人民教育出版社，2010：27.

3. 郑长龙 . 2017 年版普通高中化学课程标准的重大变化及解析［J］. 化学教育，2018（9）：41—47.

4. 王磊，魏锐 . 学科核心素养发展导向的高中化学课程内容和学业要求：普通高中化学课程标准（2017 年版）解读［J］. 化学教育，2018（9）：48—53.

5. 宋心琦 . 普通高中课程标准实验教科书：化学必修［M］. 北京：人民教育出版社，2007.

6. 宋心琦 . 普通高中课程标准实验教科书：化学必修［M］. 北京：人民教育出版社，2007.

7. 宋心琦 . 普通高中课程标准实验教科书：化学选修 4［M］. 北京：人民教育出版社，2007.

8. 宋心琦 . 普通高中课程标准实验教科书：化学选修 5［M］. 北京：人民教育出版社，2007.

9. 郭小渠 . 大数据揭秘高考化学（二）：大数据挖掘高考化学信息的方法和信息利用［J］. 中学化学教学参考，2016，（8）：57—58.

10. 赵雪，毕华林 . 基于 SOLO 分类理论的高考化学主观题的结构分析［J］. 化学教育，2016，37（13）：35—41.

11. 杨香涛. 基于化学核心素养培养的"化学反应速率"教学实录与反思[J]. 化学教育，2010，（12）：44—47.

12. 张秀球. 信息挖掘、知识发现与综合素养：2016年高考理科综合能力测试化学卷(全国课标Ⅰ卷)分析报告[J]. 化学教学参考.2014（8）：60—64.

13. 王后雄. 基于化学核心素养的高中学业水平考试命题策略[J]. 课程教材教法，2018，38（4）：87—95.

14. 王后雄，高考化学试题选材的依据[J]. 中国考试，2014（1）：38—39.

15. 教育部考试中心. 高考化学测量研究与实践[M]. 北京：高等教育出版社，2001：7.

16. 雷新勇. 大规模教育考试：命题与评价[M]. 上海：华东师范大学出版社，2006：15.

17. 刘知新主编. 化学教学论（第二版）[M]. 高等教育出版社.1997（3）.

18.R.M.加涅. 学习的条件和教学论[M]. 皮连生，译. 华东师范大学出版社.2001.

19. 教育部教试中心.2012普通高等学校招生全国统一考试大纲（理科.课程标准实验版）[S]. 北京：高等教育出版社，2012.

20. 王后雄. 新课程视野下高考化学命题设计的发展与创新[J]. 化学教学，2008（03）.

21. 王后雄. 新课程下高考化学试题内容、结构及能力要素的初步研究[J]. 考试研究，2007（04）.

22. 陈益. 新课程背景下高中化学试题命制原则初探[J]. 化学教育，2008（4）.

23. 王海燕，张姣姣. 高考理科综合全国卷二（化学）试题分析[J]. 内蒙古师范大学学报（自然科学版）.2012.4，第25卷第4期.

24. 赵宇.2008年课改实验区高考化学试题情景素材的价值取向性分析[J]. 教育理论与实践，2008（29）.

25. 赵华. 从素材到原创试题的几点思考[J]. 化学教育，2009（12）.

26. 邱亚云. 对高中化学命题原则的思考［J］. 化学教学参考，2013（5）.

27. 张立云. 广东高考理综化学命题研究与备考对策［J］. 理综高参，2012（7—8）.

28. 吴良根. 化学教学中纸笔测试评价设计的原则与程序［J］. 辽宁教育，2013（3）.

29. 张海洋. 基于理科综合考试的高中化学教学的思考［J］. 化学教育，2012（2）.

30. 罗宇，李永红. 浅谈新课程目标体系下的化学纸笔测验［J］. 上饶师范学院学报，2007（12）.

31. 王屹. 化学概念教学的理论构想及实践模式［J］. 广西师范学报（自然科学版），2000（1）.

32. 王会有. 中考化学试题命制的误区［J］. 中学化学教学参考，2012（5）.

33. 金逊. 选择题的命题原则［J］. 理科考试研究，2012（4）.

34. 吴佳丹. 新课程背景下高考化学试题能力导向研究［D］. 华中师范大学.2012.

35. 王丽真. 从高考化学的命题趋势看 STS 教育在中学化学中的渗透［D］. 内蒙古师范大学.2005.

36. 沃秀娟. 新课程背景下高考化学试题的变化及教学启示［D］. 东北师范大学.2007.

37. 蔡玺祥. 近年来高考理综化学试题的研究［D］. 华中师范大学.2008.

38. 张军富. 化学开放题研究与实践［D］. 华东师范大学.2007.

39. 岳云华. 高中化学情境性试题与化学情境性教学环节策略的研究［D］. 广西师范大学.2010.

40. 刘兴伟. 高考化学和奥赛化学试题的分析与研究［D］. 西北师范大学.2006.

41. 陆春珍. 高中化学优化习题教学的几点做法［J］. 读写算（教研版）2012（24）：1—2.

42. 曹艳丽. 浅谈上好高中化学习题课的"三关"［J］. 试题与研究（教学论坛），2014（7）：3—5.

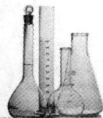

43. 徐泓 . 高三化学习题教学的选题原则［J］. 化学教学 2012（6）：7—8.

44. 毕于双 . 化学习题精做五步反思策略研究［J］. 化学教学 2013（8）：16—17.

致　谢

　　研究过程得到很多专家的悉心指导，特别是新一轮广州市百千万名教师培养对象班的理论导师钱扬义教授、实践导师刘建祥校长及马文龙老师的悉心指导，还有区域教师的积极参与实践，在此深表谢意！